Collection MARQUIS

Objets d'Art

et

d'Ameublement

IMPRIMERIE MAULDE et RENOU

A. MAULDE & Cie

IMPRIMEURS DE LA COMPAGNIE DES COMMISSAIRES-PRISEURS

Rue de Rivoli, 144

COLLECTION MARQUIS

OBJETS D'ART

ET

D'AMEUBLEMENT

IMPRIMERIE A. MAULDE ET Cie

Rue de Rivoli, 144 — Paris

CATALOGUE

DES

OBJETS D'ART

ET

D'AMEUBLEMENT

DE L'ORIENT ET DE L'OCCIDENT

Composant l'importante collection

De Feu M. MARQUIS

ET DÉPENDANT DE SA SUCCESSION

DONT LA VENTE AURA LIEU

HOTEL DROUOT — SALLES N°s 8 et 9

Du Lundi 10 au Mardi 18 Février 1890

A DEUX HEURES

COMMISSAIRES-PRISEURS :

Me ESCRIBE	Me BANCELIN
Rue de Hanovre, n° 6	Rue Grange-Batelière, n° 18

EXPERT :

M. CHARLES MANNHEIM, Rue St-Georges, n° 7

EXPOSITIONS

PARTICULIÈRE	PUBLIQUE
Le Samedi 8 Février 1890	*Le Dimanche 9 Février 1890*

DE 1 HEURE A 5 HEURES 1/2

PARIS — 1890

CONDITIONS DE LA VENTE

Elle sera faite au comptant.

Les Acquéreurs paieront, en sus des adjudications, CINQ CENTIMES PAR FRANC applicables aux frais.

Aucune réclamation ne sera admise une fois l'adjudication prononcée.

A. MAULDE et Cie, imprimeurs de la Compagnie des Commissaires-Priseurs, rue de Rivoli, 144.　　　1300—2468

Ordre des Vacations

—

N.-B. — L'Ordre numérique ne sera pas suivi.

—

Le Lundi 10 Février 1890

Le Mardi 11 Février

Le Mercredi 12 Février

Le Jeudi 13 Février

Le Vendredi 14 Février

Le Samedi 15 Février

Le Lundi 17 Février

Le Mardi 18 Février

Désignation des Objets

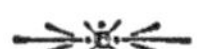

BRONZES D'ART

1 — Charmante Statuette en bronze doré : Vénus debout, nue jusqu'à mi-corps et tenant la pomme. Italie. xvie siècle. — Haut. 25 cent.

2 — Statuette en bronze doré. Saint Jean debout, vêtu d'une tunique serrée à la taille. Italie. xvie siècle, sur socle carré, en porphyre rouge oriental, avec plinthe en jaspe rouge et moulures en cuivre doré. — Haut. totale 29 cent.

3 — Deux petits Canons en bronze, sur affût de bois fretté de fer ; au-dessus de la lumière, la date 1650 et un blason ; près de la gueule, une frise de rinceaux en bas-relief. xviie siècle. — Long. 1 m. ; haut. 35 cent.

4 — Deux petits Canons en bronze, du xviie siècle, sur leurs affûts, en bois garnis d'ornements découpés.

5 — Deux Chandeliers balustres, à bases et plateaux circulaires en bronze, à décor de zones, de rinceaux et feuillages. Venise. XVIe siècle. Collection GOLDSCHMIDT. — Diam. 11 cent.; haut. 15 cent.

6 — Deux jolies Statuettes en bronze vert, d'après *Falconet*, modèles connus sous le nom de : *Garde à vous!* sur socles cannelés, en bronze ciselé et doré. — Haut. totale 35 cent.

7 — Support en bronze, formé d'un monstre ailé, à tête humaine et replié en S, soutenant un plateau rond.

8 — Deux Bustes en bronze, grandeur nature : Chinois et Chinoise, par CORDIER.

Le Chinois tient une pipe à opium et derrière lui est un décor d'angle découpé à jour avec oiseaux multicolores en bas-relief. La Chinoise tient un éventail, son vêtement est patiné de diverses nuances et derrière elle est une pagode à sept étages. Ces bronzes sont signés : C. CORDIER, *sculp. et pinx*, 1853. — Haut. 92 cent. et 98 cent.

9 — Deux Bustes d'enfants, grandeur nature, en bronze, allégories de l'Été et de l'Automne. Socles en marbre gris. Signés : VICTOR PAILLARD, d'après *Lebroc*. — Haut. 55 cent.

10 — Deux Statuettes en bronze : Danseuse jouant du tambour de basque. Joueur de mandoline. Signées : DURET. — Haut. 93 cent.

11 — Deux grands Vases, à panse ovoïde et col cylindrique légèrement évasé, en bronze à patine verdâtre : sur la panse de chacun d'eux, deux Bacchanales en haut-relief; sur le col, jeux antiques en bas-relief; deux larges anses à enroulements partent de l'épaulement pour se terminer

au bord supérieur du col et sont flanquées chacune à leur naissance de deux Centaures en ronde bosse. — Diam. 60 cent.; haut. 1 m. 20.

12 — Quatre Bas-Reliefs en hauteur, en bronze doré : les Sources, d'après *Jean Goujon*. — Long. 10 cent.; Haut. 40 cent.

13 — Petite Coupe en bronze argenté, à deux anses, enveloppée de feuillages et de fruits en relief.

BRONZES D'AMEUBLEMENT

14 — Très beau Lustre de Boulle, à huit lumières, en bronze ciselé et doré à l'or moulu, de l'époque Louis XIV, d'une grande richesse d'ornementation et d'une admirable composition.

La partie supérieure est formée d'un beau vase entouré de médaillons-bustes suspendus par des rubans et placé sous une sorte d'édicule fait de quatre consoles à volutes supportant des bustes, et surmontées de guirlandes convergeant vers le couronnement où se voient des têtes d'Enfants souffleurs.

La partie inférieure, dont le pourtour montre en bas-relief des Scènes de l'antiquité d'après les dessins de CHARLES LEBRUN, est flanquée de quatre gaînes rapportées, décorées de feuillages et surmontées chacune de deux têtes de bélier sur lesquelles s'appuient les bras porte-lumières qui sont contournés, feuillagés et godronnés. Ces bras sont rangés deux à deux sur chacune des quatre gaînes dont l'entre-deux est garni d'un mascaron chimérique.

Au-dessous, est un élégant cul-de-lampe entouré d'un

lambrequin, sous lequel s'épanouissent des feuilles d'acanthe enveloppant à demi une volute. Ce cul-de-lampe se termine par un amortissement sphérique composé de fleurettes. — Haut. 84 cent.; diam. 92 cent.

15 — Lustre à douze lumières, de style Louis XIV, entièrement garni de cristaux de roche, boules unies ou taillées à facettes, pendeloques, pyramides, étoiles, guirlandes de perles, etc. A la partie inférieure est suspendue une grosse poire aussi en cristal de roche. — Haut. environ 1 m. 25 cent.

16-17 — Deux grands Lustres, composés de guirlandes de losanges et sphères de cristal de roche taillés à facettes, formant Vase et surmontées d'une couronne; monture de bronze disposée pour le gaz. — Diam. 68 cent.; haut. 95 cent.

18-19 — Deux autres Lustres analogues, mais plus petits que les précédents. — Diam. 53 cent.; haut. 75 cent.

20 — Deux jolis Candélabres du temps de Louis XVI, en bronze doré, composés chacun d'un Satyre debout, tenant une tige d'où s'échappent trois branches porte-lumière, à rinceaux et reposant sur un socle en marbre bleu turquin, garni de guirlandes de fleurs, en bronze ciselé et doré. — Haut. 65 cent.

21 — Deux beaux Bras-Appliques du temps de Louis XV, en bronze ciselé et doré, composés chacun de trois branches rocaille porte-lumière enlacées de branches de fleurs et de graines. — Haut. 75 cent.

22 — Deux Appliques en bronze ciselé et doré, de l'époque Louis XVI. Élégant modèle à deux bras porte-lumières feuillagés, accostant une sorte de vase droit plein de

fruits, en façon de Corne d'abondance, suspendu par des chaînes prises dans des rubans se terminant par une rosette nouée autour d'un crochet. — Haut. 5o cent.

23 — Deux Appliques à deux lumières, en bronze doré, surmontées d'un vase de flammes, avec feuillages et médaillons ovales sur les branches porte-lumières et tiges cannelées. Époque Louis XVI. — Haut. 5o cent.

24 — Deux Appliques à deux lumières, en bronze doré, surmontées d'un vase de flammes à guirlandes de fleurs, avec mascaron tête de satyre à la naissance des branches et tiges cannelées, terminées par un pendentif de feuilles. Époque Louis XVI. — Haut. 4o cent.

25 — Deux petits Bras-Appliques du temps de Louis XVI, en bronze doré, à une branche à rinceau s'échappant d'un mascaron barbu.

26 — Deux petits Flambeaux du temps de Louis XVI, en bronze ciselé et doré, à feuilles et cannelures en spirale.

27 — Deux Médaillons-Appliques, en bronze doré, de style Louis XVI, à attributs de l'Amour, avec crochet de suspension. — Diam. 7 cent.; haut. 12 cent.

28 — Deux Bras-Appliques, à deux lumières, en bronze doré, présentant chacune une figure d'Amour en haut-relief, l'un tenant un arc, l'autre une lyre. — Haut. 3o cent.

29 — Deux Vases ovoïdes en porphyre rouge oriental, garnis de montures en bronze ciselé et doré, de style Louis XVI, à anses Enfants satyres soufflant du pipot, reliées par des guirlandes de fruits et de mascarons têtes de satyres en entre-deux. Modèle connu sous le nom de vase de Gouthières. — Haut. 33 cent.

1500

3o — Deux charmants petits Flambeaux du temps de Louis XVI, en bronze ciselé et doré. Chacun d'eux se compose de trois figurines debout sur une base circulaire, ciselée à feuilles et supportant une corbeille de fleurs servant de porte-bougie. — Haut. 23 cent.

160

31 — Deux Appliques porte-montre, de forme ovale, en marbre bleu turquin, avec rang de perles, en cuivre doré et applique en forme d'urne, aussi en cuivre ciselé et doré, avec tête de bouc dans la partie inférieure. Époque Louis XVI. — Haut. 15 cent.

125

32 — Deux Flambeaux Louis XIV, en bronze ciselé et doré, à feuillages, rinceaux, fleurons et quartefeuilles. — Haut. 24 cent.

130

33 — Deux Flambeaux Louis XIV, en bronze, à feuilles d'eau, fleurettes et moulures. — Haut. 25 cent.

34 — Deux Flambeaux balustres, en bronze doré, à base circulaire, tige ornée de cannelures et de quatre mascarons têtes de satyres et munis de leurs binets. Époque Louis XIV. — Haut. 24 cent.

35 — Deux Flambeaux du temps de Louis XVI, en bronze doré, modèle à cannelures et feuilles.

340

36 — Deux Flambeaux formés d'une urne ovoïde, en marbre bleu turquin, comprise dans un trépied à têtes d'aigle, en bronze doré et d'où s'échappe la branche supportant la douille. — Haut. 27 cent.

92

37 — Deux Flambeaux balustres de style Louis XVI, en bronze argenté, ornés de fines cannelures, feuillages et guirlandes. — Haut. 19 cent.

38-40 — Huit Flambeaux balustres, en bronze argenté, ornés

de cannelures, feuillages et rangées de perles. — Haut.
29 cent.

41 — Deux Flambeaux balustres, en bronze doré, à cannelures avec rang de feuillages et de perles le long de la
base et sur les douilles. — Haut. 29 cent.

42 — Deux Flambeaux balustres de style Louis XVI, en
bronze doré au mat, ornés de têtes de béliers, têtes de
satyres, guirlandes, pendentifs de fruits et attributs de
musique. — Haut. 29 cent.

4³ — Deux Flambeaux balustres de style Louis XVI, en
bronze doré, ornés de cannelures et de rangs de fleurettes. — Haut. 28 cent.

44 — Deux Flambeaux balustres, en bronze doré, à tiges
godronnées avec tore de lauriers, bases et douilles
ornées de cannelures. — Haut. 26 cent.

45 — Six Flambeaux en forme de colonnettes, du temps de
la Restauration, en bronze doré, assortis par paire. —
Haut. 30 cent.

46 — Deux grands Chenets de bronze ciselé et doré, du temps
de Louis XVI, modèle dit des Enfants frileux, composé
d'enfants dont le corps surgit d'un rinceau feuillagé et
qui présentent les mains devant un vase à flammes. Socle
à gorge cannelée sur base à boucle fleuronnnée.

47 — Deux Chenets de même style que les précédents, mais
bien moins grands.

48 — Deux grands Chenets Louis XVI, en bronze ciselé et
doré, formés de vases à flammes, à corps godronné et à
anses doubles, reposant sur des piédestaux quadrangu-
laires décorés de masques de souffleurs ; à l'autre extrémité de la galerie est un amortissement en forme de
graine feuillagée.

135

49 — Deux Chenets de style Louis XIII, composés d'enroulements en fer forgé et surmontés de boules de cuivre,
décorées d'enfants, de mascarons et de flammes.

330
Brunet

50 — Deux petits Chenets du temps de Louis XIV, en
bronze, composés chacun d'un lion couché sur une base
oblongue garnie d'appliques et d'attributs divers.

1770

51 — Deux Chenets de style Louis XIV, en bronze doré, à
figures mythologiques, sur socle oblong. — Haut.
45 cent.

3700
Ephrussi

52 — Deux charmants petits Chenets du temps de Louis XVI,
en bronze ciselé et doré, avec galerie décorée de rinceaux, se détachant sur un fond bronzé, cassolettes à
trépied et figurine d'enfant à demi-couché, en bronze
vert. Modèle rare. — Haut. 27 cent.; larg. 30 cent.

300

53 — Deux Chenets Louis XVI, en bronze doré, modèle à
vases, grenades et galeries. — Haut. 32 cent.; larg.
33 cent.

1000
Helft

54 — Deux jolis Chenets du temps de Louis XV, en bronze
doré, enfants assis et se chauffant sur des socles à volutes ornés de festons de laurier. — Larg. 22 cent.

410

55 — Deux Chenets du temps de Louis XVI, en bronze
doré. Sphinx ailé sur bases oblongues à quatre pieds en
toupies ornées de mascarons et de rosaces. — Larg.
28 cent.

580

56 — Deux Chenets en bronze ciselé et doré, de style
Louis XVI, formé de vases à anses têtes de bélier reliées
par des guirlandes de pampre, les vases portant sur des
bases rectangulaires à perles et rais de cœur, supportées
par des pieds toupies cannelés.

57-58 — Quatre Chenets formés chacun d'un lion assis, reposant sur un piédestal cylindrique et cannelé.

59 — Deux Chenets en bronze doré à larges feuillages rocaille, surmontés d'un vase balustre rocaille. — Haut. 35 cent.

60 — Galerie de foyer formée d'une balustrade interrompue par des piédestaux que surmontent des pommes de pins.

61 — Autre Galerie de foyer de même modèle, mais plus petite.

62 — Deux Chenets en bronze, modèle à sphinx et rinceaux. Ils sont accompagnés d'une pelle et de pincettes de même style.

63 — Grande Jardinière ovale en bronze ciselé et argenté, de style Louis XVI, à pourtour ajouré, décorée de trophées champêtres et de guirlandes; elle est supportée par six pieds feuillagés et est munie aux extrémités d'oreilles à volutes chargées de feuilles. Elle sort de la *Maison Barbedienne.* — Haut. 16 cent.; long. 58 cent.

64 — Deux Girandoles de chez *Barbedienne,* en cuivre argenté, à cinq branches porte-lumières.

65 — Deux Girandoles à trois lumières, en bronze ciselé et doré, de style Louis XIV, à tiges balustres ornées de feuilles et cannelures sur bases décorées de canaux en spirale, moulures et pampres, et à branches porte-lumières contournées en S avec tige centrale cannelée surmontée d'une pomme de pin. — Haut. 41 cent.

66-67 — Quatre Girandoles en bronze argenté, à six lumières, surmontant un groupe de trois Termes adossés et engaînés, sur bases ajourées. — Haut. 90 cent.

68 — Grande Lampe de suspension en bronze gravé et ajouré à rinceaux, ornée de quatre statuettes de faunesses en bronze à patine noire, les pieds posés sur quatre têtes de griffons de même métal, la tête appuyée sur des animaux chimériques également en bronze qui servent d'attaches aux chaînes de suspension; au cul-de-lampe, huit statuettes de satyres et d'amours en bronze. Travail italien. — Haut. du corps de lampe 60 cent.

69-70 — Quatre Lampadaires en cuivre poli et gravé, à tige cylindrique reposant sur un trépied et surmontée d'une lampe en forme de vase aussi en cuivre gravé et découpé à jour en forme de vase. De chez *Gagneau.* Haut. totale 1 m. 80 cent.

71 — Lampe de suspension en cuivre ajouré et gravé. Travail italien.

72 — Deux Lampes à corps cylindrique en bronze du Japon, à patine rouge, à insectes et feuillages argentés. *Maison Gagneau.*

73 — Deux Lampes à corps sphérique en bronze, à patine rouge, à insectes et feuillages rapportés en argent. *Maison Gagneau.*

74 — Deux Lampes à corps côtelé en spirale, en cuivre gravé, à feuillages. *Maison Gagneau.*

75 — Lampe en porcelaine à fleurs polychromes sur fond bleu; monture en bronze doré. *Maison Gagneau.*

76 — Deux Lampes à gaz en bronze, formées de trois figures de Termes adossés.

77 — Encrier en cristal sur plateau circulaire en bronze.— Diam. 16 cent.

78 — Plusieurs lots de Pelles et de Pincettes à poignées de
bronze.

PENDULES, CARTELS, HORLOGES

79 — Très belle Pendule à cadran tournant, formée d'un
vase ovoïde d'ancien céladon fleuri, de qualité exceptionnelle, garni d'une riche monture de bronze remar-
quablement ciselée et dorée, de l'époque Louis XVI.

Cette monture se compose d'une couronne de godrons
au sommet du vase, d'une frise à feuillages ciselés, percée
d'une ouverture ovale, laissant voir les heures du cercle
argenté tournant intérieurement, de deux têtes de coqs,
en manière d'anses, reliées par de magnifiques guirlandes de toutes fleurs décrivant des festons autour de la
panse, d'un culot de godrons, d'un piédouche tapissé de
feuilles d'acanthe et bordé d'un tore de laurier et enfin
d'une plinthe carrée, élevée sur un socle de marbre bleu
turquin. — Haut. 58 cent.

80 — Belle Pendule de la fin du règne de Louis XV, en
bronze doré à l'or moulu, composée d'un Amour debout
tenant un plan et un compas et de divers attributs tels
que sphère terrestre, longue-vue, compas, branches de
laurier, etc. La base, oblongue et à contours, est ornée à
ses extrémités de volutes ornées. Mouvement de *Gille,
l'aîné*, à Paris. — Haut. 37 cent. ; larg. 32 cent.

81 — Pendule du temps de Louis XV, formée d'un lion
debout et passant à droite, en bronze, à patine brun
clair, reposant sur un socle à rocailles et rinceaux en
bronze doré et supportant le mouvement qui est surmonté d'un coq debout et de branches de fleurs se déta-

chant en dorure sur le pourtour bronzé de l'enveloppe du mouvement. Cadran fleurdelisé portant le nom de *Jean-Baptiste Baillon*. — Haut. 45 cent. ; larg. 33.

82 — Jolie Pendule du temps de Louis XVI, modèle à cage en bronze doré, garnie sur la face et sur les côtés de plaques en ancienne porcelaine de Sèvres, pâte tendre, fond bleu turquoise et médaillons d'oiseaux dans des paysages et fleurs. Mouvement de *Bernard*, à Paris, marquant les quantièmes et les phases de la lune. — Haut. sans le socle en marbre blanc, 37 cent.

83 — Jolie Pendule du temps de Louis XVI, composée de deux sphinx couchés et ailés, en marbre blanc, supportant le mouvement et reposant sur un socle oblong en marbre bleu turquin, garni sur ses deux faces d'appliques en bronze finement ciselé et doré au mat, représentant les signes du zodiaque et à ses extrémités de festons de fleurs aussi en bronze doré. Elle se termine à sa partie supérieure par des branches de laurier et une couronne de laurier encadrant un cœur. Mouvement de *Robin, horloger du Roy*, marquant les jours de la semaine, les quantièmes et les phases de la lune. — Haut. 36 cent. ; larg. 42 cent.

84 — Belle Pendule du temps de Louis XVI, en bronze doré au mat et marbre blanc. Elle est ornée d'une figure de nymphe endormie assise et d'un amour tenant un arc et une flèche. Elle est enrichie, de plus, d'attributs divers, colombes, torches, couronne de roses, pampres, etc., et sa base est garnie d'appliques finement ciselées qui représentent des jeux d'enfants et des fleurs. Mouvement de *Robin, horloger du Roy*. — Haut. 37 cent. ; larg. 35 cent.

85 — Jolie petite Pendule du temps de Louis XVI, en bronze ciselé et doré, à cage carrée cantonnée de deux cornes

d'abondance terminées à leur partie inférieure par des têtes de satyres. Elle est surmontée d'une cassolette oblongue à quatre pieds-de-biche et repose sur un socle en marbre blanc garni d'appliques à fleurs et rinceaux, en bronze ciselé et doré. Mouvement de *Roques,* à Paris. — Haut. 35 cent. ; larg. 25 cent.

86 — Pendule en bronze doré et marbre blanc du temps de Louis XVI ; le mouvement signé *Cousin*, à Paris, est soutenu par deux enfants debout, vêtus d'une chemisette dans laquelle sont des fleurs ; au-dessus, deux pigeons entre deux cornes d'abondance ; le socle oblong en marbre blanc est orné d'une frise de rinceaux en bronze doré. — Larg. 30 cent. ; haut. 45 cent.

87 — Jolie Pendule du temps de Louis XVI, en bronze ciselé et doré au mat et marbre bleu turquin. Sur le devant de la pièce, groupe composé d'une figurine de nymphe assise et amour. Sur le dessus de la pièce, groupe de divers attributs et festons de fleurs. Mouvement d'*André Péligot.* — Haut. 38 cent. ; larg. 31 cent.

88 — Jolie Pendule de l'époque Louis XVI, en bronze, à cadran, placé entre deux statuettes de Bacchantes, munies d'une patine brune et adapté sur une borne enguirlandée en bronze doré. Le socle supporté par quatre pieds toupies est bronzé et décoré de têtes de faunes, de cornes d'abondances et d'enroulements dorés. — Haut. 38 cent.

89 — Petite Pendule Louis XVI, en bronze doré, en forme de borne quadrangulaire, cantonnée de pilastres cannelés supportant une corniche cintrée que surmonte un vase à fleurs décoré de guirlandes. Elle est à quatre faces ayant chacune une plaque en porcelaine de Sèvres à fond blanc, décoré en couleurs de rinceaux, d'ornements déliés, de corbeilles de fleurs, etc. Le socle de bronze, en

ressaut est orné d'une moulure de feuilles. — Haut.
40 cent.; larg. 21 cent.

920   90 — Pendule formée d'une pyramide à quatre faces, en marbre bleu turquin : la face antérieure qui contient le
cadran de *Thomas*, à Paris, est ornée d'un bas-relief de
bronze doré représentant deux divinités soutenant le
globe du monde surmonté d'un amour; les faces latérales sont décorées de guirlandes et trophées aussi en
bronze doré; sur le soubassement, frise d'amours également
ment en bronze doré. Epoque Louis XVI. — Larg.
25 cent.; haut. 68 cent.

860   91 — Pendule en bronze doré, de style Louis XVI, représentant les Trois Grâces debout soutenant le mouvement qui est à cadran horizontal tournant et surmonté
d'une statuette d'amour, indiquant l'heure au moyen
d'une flèche; elles reposent sur un socle cylindrique en
bronze à patine noire, flanqué de quatre consoles en
bronze doré. Signée : Vion. — Haut. 5o cent.

1850   92 — Très grande Pendule et son socle cul-de-lampe, du
temps de Louis XVI, en marqueterie d'écaille et cuivre
très richement garnie de bronzes ciselés et dorés. Aux
angles du socle, mascarons têtes de satyres, surmontées
de palmettes et sur la face, cartouche d'ornements
renfermant sur un treillis un trophée d'instruments de
musique.

Les pieds de la pendule sont ornés de cariatides de
femmes et les angles supérieurs de coqs. Sur la porte,
Amour tenant une clef et un chien. Sur la partie supérieure de la pièce, le Temps assis sur une sphère et
tenant une faux.

Trois cartouches émaillés placés au bas du cadran,
portent les inscriptions suivantes : Chéron, ébéniste.

— FOULLE, A PARIS. — D. SAINT JEAN DE LATRAN, A PARIS. — Haut. totale 1 m. 50 cent.

93 — Grand et beau Cartel du temps de Louis XVI, en bronze ciselé et doré, à corniche cintrée, soutenue à ses angles par deux sirènes à corps de femmes se terminant en double queue de poisson. Au-dessous du cadran, festons de feuillages reliés par un ruban, et au-dessus, deux sphères avec groupe placé en entre-deux et composé d'une figurine de génie ailé sonnant de la trompette et tenant un médaillon ovale qui représente Henri IV vu de profil. Ce cartel se termine à sa partie inférieure par des coquilles et diverses plantes marines. Mouvement de *Regnault*, à Paris. — Haut. 1 m.

94 — Cartel-Applique en bronze doré, du temps de Louis XV: le mouvement signé: *Caen*, à Versailles, est placé au milieu de guirlandes de fleurs et motifs rocaille; au-dessous, deux pigeons se becquetant; au-dessus, deux statuettes d'enfants surmontées d'un nœud de rubans. — Larg. 40 cent.; haut. 85 cent.

95 — Belle Horloge à poids, dans une gaîne à angles adoucis en bois de violette, marqueté à fleurs, avec filets et chevrons de bois foncé. Epoque Louis XV. — Haut. 2 m. 45 cent.

96 — Horloge-Applique monumentale en chêne sculpté et bronze : le mouvement est contenu dans un coffre carré, flanqué de deux colonnettes balustres et surmonté d'une tête et d'un fronton à coquille en bronze ; il repose sur un meuble-console à deux cariatides de femmes en bronze, avec soubassement à consoles orné de têtes de chérubins et cartouches en bronze, et médaillon central contenant un amour en bronze également. — Larg. 63 cent.; haut. 2 m. 60 cent.

SSO

97 — Cartel-Applique en bronze doré, de style Louis XVI, orné de feuillages et guirlandes, et surmonté d'un vase couvert, garni de guirlandes. Mouvement signé : *Michel Fortin.* — Larg. 22 cent.; haut. 45 cent.

98 — Pendule de voyage en bronze doré, marquant les jours, les quantièmes et les phases de la lune. *Maison Pointaux,* Paris; dans sa gaîne. — Haut. 15 cent.

99 — Pendule en cuivre doré, à quatre pieds reliés par un tablier surmonté d'un vase d'où s'échappent des festons de fleurs. Sur les côtés, mascarons et ornements. — Haut. 44 cent.

102
Janselle

100 — Trois pièces : Pendule et deux Flambeaux, tout en fer repoussé, à motifs de fleurs et de feuillages. — Haut. de la pendule 50 cent.

ORFÈVRERIE ANCIENNE ET MODERNE

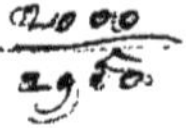

101 — Deux très belles Girandoles en argent ciselé, de l'époque Louis XVI, d'un modèle élégant à cannelures, feuilles d'acanthe, perles et guirlandes de fruits; le couronnement se compose de trois branches porte-lumières contournées et feuillagées, accostant, avec des graines dans les entre-deux, la tige qui supporte la douille d'une quatrième lumière surmontée d'une graine mobile. Ces deux belles pièces portent la signature : A. Boullier F., à Paris. — Haut. 53 cent.

102 — Deux belles Girandoles à quatre lumières, en argent ciselé, de l'époque Louis XVI, à tiges décorées de sequins, accostées de trois branches feuillagées à douilles cannelées et supportant un magnifique vase à flammes,

orné de têtes de béliers et de guirlandes suspendues par des rubans. La doucine des pieds est creusée de canaux; le bord est formé de baguettes en faisceau, liées de rubans entrecroisés. — Haut. 45 cent.

103 — Deux beaux Flambeaux en argent ciselé, du temps de Louis XV, d'un dessin mouvementé et d'une charmante ornementation à rinceaux et feuillages en relief. La base est décorée de deux cordons d'oves interrompus par trois motifs saillants; feuilles et rinceaux. — Haut. 27 cent.

104 — Deux beaux Flambeaux en argent, de la première moitié du xviii⁰ siècle, à section octogonale, couverts d'entrelacs, de fleurons et d'ornements délicatement ciselés; la doucine des pieds, ornée de canaux, porte un cartouche à blason fleurdelisé timbré d'une couronne. — Haut. 24 cent.

105 — Deux beaux Flambeaux de l'époque Louis XV, en argent ciselé, d'un élégant modèle, de forme contournée et d'une riche ornementation composée de feuilles d'acanthe, de guirlandes, de tigettes, de culots, de palmettes, cannelures et de rocailles. — Haut. 27 cent.

106 — Deux Flambeaux en argent gravé et ciselé, à tiges côtelées et bases contournées; ils sont décorés d'entrelacs, de coquilles, de fleurons et de rinceaux. xviii⁰ siècle. — Haut 27 cent.

107 — Deux Flambeaux en argent à douille hexagone, tige triangulaire et pied contourné; ils sont décorés de godrons et chiffrés M. P. xviii⁰ siècle. — Haut. 25 cent.

108 — Deux Flambeaux en argent ciselé, couverts de riches ornements et de mascarons dans le goût de la Régence.

Chacun d'eux porte un double écusson armorié timbré d'une couronne comtale. — Haut. 25 cent.

109 /— Belle corbeille oblongue à bords contournés en argent repoussé à grands godrons et feuillages, supportée par quatre pieds à mascarons têtes de femmes, ciselés en bas-relief et munis aux deux extrémités, en façon d'anses, de têtes de lions en haut-relief avec anneaux mouvants. — Long. 36 cent.

110 — Ecuelle couverte, à oreilles plates, avec plateau à bords contournés en argent ciselé et gravé à décor de feuilles, de rinceaux et d'ornements Louis XIV; les oreilles et le bouton du couvercle offrent des médaillons bustes, des godrons bordent le couvercle, des oves et des filets encadrent le plateau. — Grand diam. 32 cent.

111 — Petite Écuelle de style Louis XIV, en argent, de la *Maison Duponchel*, à Paris; les oreilles sont ciselées à décor de médaillons bustes surmontés d'une coquille et accostés de rinceaux symétriques; le bouton du couvercle est orné de godrons et d'entrelacs. Plateau uni. — Grand diam. 25 cent.

112 — Saucière de chez *Guillemin*, à Paris, à anses doubles, faites de branches enlacées, fixée sur un plateau oblong et contourné à moulure; style Louis XV. — Long. 25 cent.

113 — Écuelle couverte avec Plateau en argent, entièrement recouverte de gravures dans le goût japonais, paysages, habitations, plantes, grecques; une figurine dorée surmonte le couvercle. — Diam. du plateau 20 cent.

114 — Gobelet de corporation en argent repoussé et doré à cariatides, ornements et armoiries. Travail allemand du xvie siècle. — Haut. 22 cent.

115 — Petite Coupe ronde et basse en argent repoussé à ornements. Au centre un lion debout. Allemagne (?). XVIIᵉ siècle. — Diam. 15 cent.

116 — Deux petits Plateaux longs à contours en argent, à figures, fleurs et ornements en relief. — Larg. 11 cent.

117 — Coupe ronde et profonde, en argent gravé à fleurs sur fond niellé. Travail oriental. — Haut. 105 millim.; diam. 135 millim.

118 — Hanap, en casque, en argent fondu et ciselé, de l'époque Louis XIV, partie uni, et partie couvert d'ornements en relief sur amati; l'anse contournée est décorée de feuillages; un mascaron de femme, en bas-relief, se voit sous le déversoir; plus bas est un écu d'armoiries gravé. — Haut. 22 cent.

119 — Huilier Louis XVI à plateau oblong contourné, élevé sur quatre pieds faits de feuilles et bordé d'un cordon de perles; les galeries des burettes sont formées chacune de quatre gaînes à volutes reliées par des guirlandes de pampres; les bouchons des burettes sont en argent, surmontés de feuilles de vigne avec leurs grappes. — Long. 32 cent.

120 — Deux Vases piriformes côtelés à col évasé et bords lobés, en argent poli, décorés de branches de fleurs, gravées en creux et relevées d'émaux de couleurs. Travail chinois. — Haut. 165 millim.

121 — Deux Sucriers à saupoudrer, en forme de balustre Louis XV, cannelés et godronnés, à décor de rocailles et de guirlandes de fleurs; les couvercles sont percés d'ajours. — Haut. 15 cent.

122 — Plat rond de l'époque Louis XV à bords contournés,

ornés d'un tore de laurier ciselé et interrompu par des feuilles d'acanthe. — Diam. 28 cent.

123 — Plat creux de même ornementation et de même dimension.

124 — Deux petits Plateaux ovales, du temps Louis XV, à bords contournés, offrant des baguettes en faisceau liés par un ruban ; ils sont munis aux extrémités de petites anses rocaille. — Long. 28 cent.

125 — Lion debout, en argent fondu et ciselé, à tête mobile, découvrant un petit gobelet à liqueur, doré partiellement. — Long. 21 cent.

126 — Grand Paon, en argent repoussé et ciselé, les ailes mobiles et la queue déployée en éventail ; il est posé sur une terrasse couverte de tortues, de lézards, de grenouilles, de colimaçons, etc. — Haut. 43 cent.

127 — Drageoir en argent repoussé et ciselé, formé d'un hibou debout. Travail allemand. — Haut. 31 cent.

128 — Drageoir de même travail, en forme de coq debout.— Haut. 30 cent.

129 — Deux Chevaux qui se cabrent formant drageoirs et rappelant ceux de Coustou, argent fondu et ciselé ; ils sont posés sur des piédestaux rectangulaires en porphyre rouge à moulure d'argent ciselé, rapportée sur la plinthe. — Haut. totale 28 cent.

130 — Tête-à-Tête en argent martelé et doré partiellement, simulant des feuilles d'eau à nervures saillantes avec insectes et animaux en ronde bosse. Il comprend : un Plateau long, une Théière, un Sucrier, un Pot à crème, deux Tasses et deux Soucoupes : les anses sont en ivoire. — Long. du plateau 40 cent.

131 — Jolie Cafetière piriforme, couverte, élevée sur trois
pieds feuillagés en argent ciselé du temps de Louis XVI ;
le déversoir et la charnière du couvercle sont décorés
de belles feuilles dentelées et reliées par des guirlandes
de laurier fixées à des nœuds ; le couvercle est surmonté
d'une touffe de fleurettes et de graines ciselées en ronde
bosse. Des palmettes gravées décorent le culot de la
cafetière. — Haut. 14 cent.

132 — Petite Cafetière Louis XV en argent ciselé à facettes
en spirale, anse cordelée et couvercle surmonté de
feuilles et de graines en relief ; un cartouche rocaille
forme le déversoir. — Haut. 12 cent.

133 — Deux jolies Salières doubles — Bouts-de-Table —
de l'époque Louis XVI, en argent fondu, repercé à jour
et ciselé, d'un élégant modèle à guirlandes de roses,
branches de chêne et rubans, avec pieds feuillagés ; dans
l'intérieur, des médaillons armoriés sont suspendus par
des rubans aux anneaux engoulés d'un vase ovoïde tenant
lieu de poignée. — Long. 14 cent. ; haut. 11 cent.

134 — Deux Salières doubles — Bouts-de-Table — en argent
fondu et ciselé, à bords perlés, galeries ajourées et pieds
à mascarons humains, reliés par des guirlandes de pampre ; la poignée qui se dresse dans l'intérieur est formée
de rinceaux, entremêlés de feuilles de vigne et de grappes.
— Long. 15 cent ; haut. 10 cent.

135 — Service à thé en argent gravé et ciselé, de la *Maison
Tiffany*, à décor de style chinois, feuillages et algues,
avec ornements en relief dorés et bronzés. Il se compose
de : un Plateau rectangulaire, une Théière, un Sucrier
couvert et un Pot à crème quadrilatéraux, plus deux
Tasses avec leurs Soucoupes en porcelaine.

136 — Gourde de poche ovoïde et aplatie, en argent martelé à facettes. Orfèvrerie anglaise.

137 — Boîte à Thé à six pans, offrant chacun un compartiment à plantes et fong-hoangs dans le goût chinois, bouchon à capsule.

138 — Salière ronde en argent ciselé et doré, décorée de guirlandes de fruits en relief et supportée par trois pieds à muffles et griffes de lions. Orfèvrerie russe.

139 — Deux Porte-Beurriers en argent, à gerbe de feuillages gravés et baguettes façon bambou. Orfèvrerie anglaise.

140 — Petite Théière ronde et surbaissée, à anse surélevée, en argent gravé à arabesques avec fleurettes relevées d'émaux de couleurs ; le couvercle est formé d'une feuille à cinq pétales.

141 — Théière plus petite et piriforme de style chinois, décorée de dragons gravés et dorés et à couvercle surmonté d'une graine.

142 — Autre Théière, de même forme, en argent piqueté avec manche, façon bambou.

143 — Théière cylindrique avec bec à pans, anse surélevée et couvercle plat, en argent gravé et ciselé à décor japonais, médaillons à figures et paysages sur champ strié.

144 — Gobelet obconique en argent très finement ciselé, de la *Maison Fannière* ; il simule un baquet avec épis de blés, artichauts, feuilles de vigne, souris, lézards et papillons posés sur les cercles.

145 — Bougeoir Louis XV à plateau contourné, bordé de moulures et à manche décoré de feuilles et d'ornements en relief.

146 — Couteau à melon à lame gravée et manche à tigettes en relief et médaillon chiffré M. P., de chez *Touron*.

147 — Gobelet en argent guilloché.

148 — Couvert à salade en argent, manches ivoire, virole et bouterolle ciselées à palmettes.

149 — Louche à filet, chiffrée A. B.

150 — Deux Seaux à rafraîchir Louis XV, à anses doubles feuillagées, piédouche et bords contournés à baguettes en faisceau liées par des rubans ; le pourtour est à facettes en spirale surmontées de postes. Cuivre argenté. — Haut. 23 cent.

151 — Pot à eau turbiné en argent ciselé, décoré en manière de vannerie ; sur l'épaulement du vase est un petit cheval au galop en ronde bosse. Orfèvrerie russe.

152 — Deux pièces : Porte-Tasse en argent ciselé, doré et rehaussé d'émaux polychromes, couvert d'arabesques en relief ; il repose sur quatre boules et a une anse à tête de femme en ronde bosse, et Cuillère argent doré, décorée sur le cuilleron d'arabesques réservées sur fond émaillé bleu. Orfèvrerie russe.

153 — Plateaux à bords contournés en argent gravé, doré et rehaussés d'émaux polychromes, à décor de fleurs arabesques, avec médaillon central aux armes de l'Empire. Orfèvrerie russe.

154 — Boîte sphérique figurant une sorte de fruit ornemental à godrons, contenant des branches de roses. — Diam. 20 cent.

155 — Encadrement de miroir, circulaire et lobé, couvert de palmettes et de rinceaux repoussés ; le fond est plein, à

godrons saillants gravés et rayonnants autour d'une touffe
de fleurs en ronde bosse. — Diam. 35 cent.

156 — Grand Gobelet obconique en argent, à décor de branches de grosses fleurs gravées et dorées, ressortant sur
un fond niellé couvert de petites plantes. L'intérieur du
gobelet est doré; il porte sur une base à moulures. Ancienne orfèvrerie russe (?) — Haut. 19 cent.

157 — Vidrecome, style Renaissance, en argent ciselé, formé
d'une figurine de femme à jupe évasée figurant la coupe;
cette figurine a sur la tête une branche arquée sur
laquelle pivote un petit gobelet. Cette pièce, copiée sur
un Vidrecome du musée de Cluny, sort de la *Maison
Barbedienne.* — Haut. 19 cent.

158 — Petite Coupe ronde et profonde, sur piédouche, en
argent repoussé, à animaux et ornements, et doré en
partie.

159 — Pot à eau de chez *Tiffany,* en métal bronzé et
applications de branches feuillagées, en argent.

160 — Belle Garniture de toilette, de la *Maison Tiffany,* en
argent martelé, à petites facettes et décoré de poissons et
d'algues en relief et dorés. Cette garniture comprend :
un grand Pot à eau, une grande Cuvette, une Bouillotte
couverte, un Bassin à piédouche avec obturateur, une
Boîte à savon et une Boîte à brosses à dents. — Diam.
de la cuvette 43 cent.

161 — Caisse d'Argenterie contenant un service à filet sail-
lant, chiffré P. M. et composé de : trente-six Fourchettes
de table, dix-huit Cuillères de table, trente-six Cuillères
d'entremets, dix-huit Fourchettes d'entremets, dix-huit
Cuillères à café, une Pince à sucre, une Cuillère à sucre,
deux Cuillères à compote, une Louche, une Cuillère à

sauce, une Cuillère à moutarde, quatre Pelles à sel, douze Couteaux à dessert, lames d'argent, vingt-quatre autres à lames d'acier, dix-huit Couteaux de table, quatre Pièces à hors-d'œuvre, onze Cuillères d'entremets, douze Fourchettes d'entremets, cinq Couverts de table, un Passe-Thé, un Couvert d'enfant, une Fourchette d'enfant, une Cuillère à pilon, une Cuillère à sucre, six Brochettes, douze Fourchettes à huîtres, un Ciseau à raisin, une Spatule à beurre.

162 — Plat rond et à bords contournés, ornés de moulures ; style Louis XV. — Diam. 29 cent.

163 — Plat long, de même style. — Long. 39 cent.

164 — Trois pièces : Plat creux et deux Plats à moulures, de style Louis XV. De chez *Aucoc*.

165 — Plateau lobé, en argent ciselé, à tore de laurier et feuillages en relief. — Long. 29 cent.

166 — Grand Plat rond en argent estampé, offrant au centre une grosse rosace de feuilles et au marli une zone de rinceaux fleuris. — Diam. 51 cent.

167 — Plat creux, bordé de moulures et à chute godronnée. Époque Louis XV.

168 — Deux Plats longs à contours à côtes et rubans en argent. L'un de chez *Odiot*, l'autre de chez *Taburet*.

169 — Quatre Plats ronds en argent, de même modèle, en deux dimensions. De chez *Odiot*.

170 — Plat rond et creux, à contours en argent.

171 — Flacon à Thé, en argent gravé à ornements et armoiries. — xviiie siècle.

172 — Deux Coquetiers en argent, dorés à l'intérieur.

173 — Service de Table en argent, composé de douze Couverts de Table, onze Couverts à entremets, douze Cuillères à café, plus douze Fourchettes de table, une Louche, une Cuillère à sauce, une Fourchette à entremets, un Service à découper, onze Couteaux de table, quinze Couteaux à dessert, dont neuf à lames d'argent.

174 — Service à salade en argent, avec manches d'ivoire.

175 — Porte-Huilier du temps de Louis XVI, en argent ciselé, à feuilles et perles.

176 — Moutardier de style Louis XVI, en argent, à pieds ornés de mascarons, reliés par des festons de feuillages.

177 — Quatre Cuillères à café en argent, modèle à palmettes.

178 — Petite Cafetière en argent, modèle à côtes en spirale, de style Louis XV.

179 — Casserole droite à bec, avec manche en bois noir.

180 — Autre Casserole plus petite, arrondie et à bec, intérieur doré, manche en ivoire.

181 — Pulvérisateur à parfums, en cristal, de forme ovoïde avec bouchon d'argent, tête humaine dont les prunelles sont formées de petits cabochons en pierres de couleurs. Orfèvrerie anglaise. — Haut. 12 cent.

182 — Flacons et Boîtes en cristal, à couvercles d'argent, provenant d'un Nécessaire de voyage.

MINIATURES

206 — Miniature ronde, sur ivoire : Portrait de jeune fille, blonde, assise, en robe blanche décolletée, avec ceinture bleue. Cadre en bronze ciselé et doré, à perles et lauriers, surmonté d'un ruban.

207 — Jolie Miniature ronde sur ivoire : Portrait de jeune femme représentée en Bacchante, la gorge et les bras à découvert. Cadre en bronze.

208 — Miniature rectangulaire, dans le goût de Mlle Gérard : Jeune femme en toilette de satin, représentée en pied dans un intérieur Louis XVI et portant un chat.

209 — Miniature rectangulaire représentant une femme chinoise, en robe bleue brodée d'or, debout, auprès d'un vase à fleurs.

210 — Deux petits Cadres japonais en ivoire, décorés d'oiseaux et de bambous en laque doré ; ils contiennent des miniatures modernes : Jeunes filles, peintes en camaïeu bleu.

TABLEAUX, DESSINS

211 — **Breughel** (DE VELOURS). Paysage traversé par un cours d'eau. A droite, villageois et cavaliers en promenade. Sur cuivre. — Haut. 24 cent.; larg. 34 cent.

212 — Peinture à l'huile : Abraham chassant sa femme Agar. Cadre doré.

213 — **Giacomelli.** Aquarelle : Nid d'oiseaux.

214 — **Vildt.** Deux Dessins à l'encre de Chine : Paysages animés ; Apparition. Signés : Vildt, 1662. Cadres dorés.

GRAVURES ENCADRÉES

215 — **Raph. Morghen** (D'après N. Poussin). La Danse des Heures.

216 — **Porporati** (D'après Greuze). La petite Fille au chien. Épreuve avant la lettre.

217 — **Porporati** (D'après Santerre). Suzanne au bain. Épreuve avant la lettre.

218 — **Audran** (D'après Lebrun, 1678). Gravure de la suite des Batailles d'Alexandre, avec la légende : La Vertu plaist quoy que vaincue.

219 — **Edelinck** (D'après Lebrun). Gravure de la suite des Batailles d'Alexandre, avec la légende : Il est d'un roy de se vaincre soi-même.

220 — **Audran** (D'après Lebrun). Gravure de la suite des Batailles d'Alexandre, avec la légende : La Vertu sur-monté tout obstacle.

221 — **Audran** (D'après Lebrun). Gravure de la suite des Batailles d'Alexandre, avec la légende : La Vertu est digne de l'empire du Monde.

222 — **Audran** (D'après Lebrun). Gravure de la suite des Batailles d'Alexandre, avec la légende : Ainsy par la vertu s'élèvent les héros.

223 — **Mercuri** (D'après Delaroche). Le Vœu.

224 — **Richomme** (D'après RAPHAEL). Le Triomphe d'Amphitrite. Épreuve avant la lettre.

225 — **Longhi** (D'après LE CORRÈGE). La Madeleine. Épreuve avant la lettre.

226 — **Le Corrège** (D'après). Saint Jérôme. Épreuve avant la lettre.

227 — **Raphaël** (D'après). Sainte Cécile. Épreuve avant la lettre.

228 — **Massard** (D'après GREUZE). La Cruche cassée. Épreuve avant la lettre.

229 — **Raphaël** (D'après). La Vierge, dite de Sixte-Quint. Épreuve avant la lettre.

SCULPTURES

230 — MARBRE BLANC. Deux Bustes : l'un d'homme, l'autre de femme, grandeur nature, vêtus d'une draperie à l'antique. Signés : B. BLAISE, et datés : l'un de 1806, l'autre de 1809. Socles en granit rose. — Haut. totale 70 cent.

231 — MARBRE BLANC. Groupe de deux Femmes nues, debout, les jambes couvertes d'une draperie, l'une effeuillant des marguerites, l'autre appuyée sur son épaule. Signé : RAMUS, Paris, 1851. Sur la base ovale, la légende en lettres dorées. Le tout repose sur un socle ovale de marbre vert veiné de gris, orné d'une guirlande de fleurs en bronze. — Diam. 46 cent.; haut. 1 m. 14 cent.

232 — MARBRE BLANC. Statue, grandeur nature, de Psyché

nue, debout, avec draperie pendante de chaque côté du corps, remplissant une lampe de l'huile contenue dans une petite amphore. — Haut. 1 m. 55 cent. *Carrier Belleuse*

233 — MARBRE BLANC. Deux Statuettes d'enfants nus, couchés, grandeur nature, une draperie enroulée autour des jambes. — Larg. 70 cent.; haut. 35 cent. *pour un fronton*

234 — BOIS SCULPTÉ. Statuette : La Baigneuse nue, debout s'essuyant le pied. — Haut. 36 cent.

235 — IVOIRE. Buste de femme vêtue à l'antique, une couronne de pampres sur la tête ; il repose sur un fût de colonne cannelée. — Haut. 29 cent.

236 — ALBATRE. Groupe : Psyché et l'Amour debout, jouant avec une libellule. — Haut. 46 cent. *Regt*

OBJETS VARIÉS EUROPÉENS

237 — Plateau d'aiguière circulaire à ombilic, en étain, de BRIOT, à décor en bas-relief : sur l'ombilic, le dieu Mars, au fond une zone de quatre médaillons ovales à l'allégorie de la Paix, de la Guerre, de l'Abondance et de l'Envie et séparés par des mascarons et une seconde zone concentrique de grotesques ; au marli, grotesques et personnages allégoriques dans des cartouches. Près du cartouche renfermant l'Europe se voient les lettres B T et M V G. XVIe siècle. Collection GOLDSCHMIDT. — Diam. 49 cent.

238 — Tonnelet en bois gravé, cerclé de cuivre avec robinet de même métal à tête de dragon. Il repose sur un pied élevé à trois faces en fer forgé à rinceaux et feuillages et il est accompagné d'un petit bassin en cuivre rouge battu à deux anses. — Haut. totale 1 m. 15 cent.

239 — Boîte à lettres en fer forgé simultant une fenêtre sous les toits. — Larg. 25 cent.; haut. 45 cent.

240 — Lanterne cylindrique en fer, avec toit conique, muni d'un anneau de suspension. — Haut. 55 cent.

241 — Petit Miroir avec cadre en fer forgé et thermomètre.

242 — Encrier en fer, muni de deux récipients pour l'encre.

243 — Fusil de chasse à deux coups, à chiens, de Léon Bernard, avec sa boîte et ses accessoires.

244-245 — Cinq pièces : deux Revolvers et trois Pistolets.

246 — Revolver dans sa boîte.

VITRAUX

247 — Beau Vitrail rectangulaire polychrome, cintré à la partie supérieure, représentant le Christ, les mains liées, amené devant Pilate; à gauche un Saint, à droite Sainte Anne, la Vierge et le Christ, en haut légende allemande, en bas, écusson et inscription allemande avec la date 1598. Suisse. — Larg. 68 cent; haut. 86 cent.

248 — Beau Vitrail rectangulaire polychrome, cintré à la partie supérieure, représentant la descente du Saint-Esprit sur les Apôtres; en haut, la légende en allemand; en bas, les armes de la maison d'Autriche et dédicace latine au roi d'Espagne Philippe III, avec la date 1598. Suisse. — Larg. 68; haut. 86 cent.

249 — Beau Vitrail rectangulaire polychrome, cintré à la partie inférieure, représentant le Christ condamné à mort, avec légende en allemand expliquant le sujet; à droite et

à gauche deux Saintes; en bas, écusson et inscription allemande avec la date 1601. Suisse. — Larg. 68 cent.; haut. 86 cent.

250 — Beau Vitrail rectangulaire polychrome, cintré à la partie supérieure, représentant le Christ au milieu de Docteurs; en haut, inscription en allemand; à droite et à gauche, deux Saints; en bas, écusson et inscription allemande avec la date 1601. Suisse. — Larg. 68 cent.; haut. 86 cent.

251 — Beau Vitrail rectangulaire polychrome, cintré à la partie supérieure représentant le Christ au jardin des Oliviers; au second plan, les soldats venant pour l'arrêter, conduits par Judas; en haut, légende allemande; à droite et à gauche, Saint Pierre et Saint Paul; en bas, écusson, inscription allemande et la date 1601. Suisse. — Larg. 68 cent.; haut. 86 cent.

252 — Beau Vitrail rectangulaire polychrome, cintré à la partie supérieure, représentant Adam et Ève tentés par le Serpent et à droite et à gauche deux Saints debout; en bas, écusson d'argent à la croix de gueules surmonté de la Vierge et l'Enfant; en haut et en bas, inscription allemande et à la date 1598. Suisse. — Larg. 68 cent.; haut. 86 cent.

253 — Beau Vitrail rectangulaire polychrome, cintré à la partie supérieure, représentant le Jugement dernier et à droite et à gauche deux Saints debouts; en bas deux écussons accolés aux armes de Lucerne surmontés de l'écusson d'empire; en haut et en bas, inscription allemande et la date 1598. Suisse. — Larg. 68 cent.; haut. 86 cent.

254 — Beau Vitrail rectangulaire polychrome, cintré à la

partie supérieure, représentant l'Incrédulité de Saint Thomas; en bas, les armes de France et dédicace à Henri IV, en latin avec la date 1598; à droite et à gauche, cartouche contenant des attributs, en haut, inscription allemande expliquant le sujet. Suisse. — Larg. 68 cent.; haut. 86 cent.

255 — Beau Vitrail rectangulaire polychrome, cintré à la partie supérieure, représentant le Christ devant Hérode; à droite et à gauche, un Saint et une Sainte; en haut et en bas, inscription allemande et écussons, à la date 1598. Suisse. — Larg. 68 cent.; haut. 86 cent.

256-270 — Quinze beaux Vitraux cintrés à leur partie supérieure, provenant de la même suite que la précédente, et représentant en couleurs des Scènes tirées du Nouveau Testament. Chacun de ces vitraux porte à la partie supérieure une inscription en langue allemande donnant l'indication du sujet et à la partie inférieure des armoiries de villes ou de pays.

Ils portent des dates qui varient de 1594 à 1618, et l'un d'eux porte les initiales I. W. — Haut. 86 cent.; larg. à leur base 86 cent.

271 — Beau Vitrail rectangulaire peint en couleurs et représentant un groupe de saints personnages, accompagnés chacun de l'emblème qui les caractérise. Dans le bas, un cartouche portant les noms latins des saints et des saintes représentés ainsi que la date de 1521 et deux écussons armoriés. — Haut. 60 cent.; larg. 44 cent.

272 — Vitrage rectangulaire peint en couleurs et représentant une Nymphe debout tenant une voile et placée entre deux pilastres ornés. XVIe siècle. — Haut. 31 cent.; larg. 21 cent.

273 — Beau Vitrail du xvie siècle représentant, en couleurs, Adam et Ève tentés par le Serpent enroulé autour d'un pommier placé au centre du tableau. Cette scène est placée sous un arceau surbaissé, supporté par des colonnes ornées et surmonté par une tête de chérubin et des bustes d'homme et de femme. Dans le bas, cinq armoiries. — Haut. 41 cent.; larg. 31 cent.

274 — Vitrail peint en camaïeu brun avec rehauts de jaune et représentant un sujet biblique. Un des personnages porte une couronne fleurdelisée et est assis sur une stalle dont le dossier offre le blason de France. — Haut. 27 cent.; larg. 20 cent.

275 — Vitrail en couleurs représentant une divinité marine debout, placée entre des écussons armoriés. Dans le haut, navires naviguant en vue d'une ville. Dans le bas, cartouche portant les noms de deux époux et la date de 1530. — Haut. 32; larg. 27 cent.

276 — Vitrail rectangulaire peint en couleurs. Au centre, arquebusier debout entre deux écussons armoriés. Dans le haut, sujet de chasse en deux parties. Dans le bas, cartouche portant une inscription allemande et cantonné de génie accroupis. — Haut. 32 cent.; larg. 20 cent.

277 — Vitrail rectangulaire peint en couleurs. Deux larges écussons d'armoiries sont surmontés d'une frise qui représente une cave garnie de fûts. Au-dessous, inscription allemande et date de 1616 ainsi que les figures de la Foi et de l'Espérance. — Haut. 32 cent.; larg. 21 cent.

278 — Vitrail rectangulaire peint en couleurs. Au centre, un écusson armorié; à gauche, la Vierge debout portant l'Enfant Jésus; à droite, Saint Jean. Dans le bas, inscription allemande avec date de 1613 placée entre la

figure du donateur agenouillé et un enfant accroupi. —
Haut. 32 cent.; larg. 21 cent.

279 — Vitrail rectangulaire polychrome représentant deux
écussons accolés aux armes de Berne, surmontés d'un
écusson à l'aigle d'Empire timbré de la couronne
impériale ; ils sont accostés de deux léopards portant
l'un le globe, l'autre un étendard aux armes de Berne ;
en haut, trophée et scène de chasse ; en bas, les mots :
die Lobliche. Suisse. xviie siècle. — Larg. 58 cent.; haut.
72 cent.

280 — Vitrail rectangulaire en grisaille rehaussée de jaune.
Au centre, vitrail circulaire représentant un personnage
à son lit de mort ; comme encadrement, une arcade ornée de colonnes engagées, chérubins, grotesques et inscription latine en bas. xvie siècle. Allemagne. — Larg.
53 cent.; haut. 78 cent.

281 — Vitrail rectangulaire en grisaille rehaussée de jaune.
Au centre, vitrail circulaire représentant le Christ couronné d'épines ; encadrement analogue au précédent avec
inscription latine en bas. Allemagne. xvie siècle. — Larg.
53 cent.; haut. 78 cent.

282 — Vitrail rectangulaire polychrome représentant deux
écussons accolés et timbrés d'un casque, tenus par une
femme vue à mi-corps ; en haut, en grisaille et rehauts
de jaune, David et Goliath et David sacré roi par Samuel ;
en bas, inscription allemande donnant les noms des
possesseurs des blasons et la date 1565. — Larg. 45 cent.;
haut. 50 cent.

283 — Vitrail rectangulaire polychrome : Jacob voyant en
songe l'échelle qui atteint le ciel ; comme encadrement :
en haut, personnages attablés ; à droite l'Eglise ; à gauche,

la Synagogue ; en bas, quatre écussons avec inscriptions allemandes donnant les noms des possesseurs. Daté de 1580. — Larg. 45 cent. ; haut. 50 cent.

284 — Vitrail rectangulaire polychrome représentant Saint Maurice debout portant l'armure complète et tenant un étendard ; auprès de lui, un écusson surmonté d'un casque ayant pour cimier un homme issant. Suisse. xvi⁰ siècle. — Larg. 44 cent. ; haut. 52 cent.

285 — Vitrail rectangulaire polychrome représentant Saint Nicolas et Saint Maurice debout, se faisant face, l'un en costume d'évêque, l'autre portant l'armure complète et et l'étendard ; en haut, l'Annonciation ; en bas, l'aigle d'Empire et les mots : *Probst ʒu Lucʒern,* 1543. — Larg. 31 cent. ; haut. 45 cent.

286 — Vitrail rectangulaire polychrome représentant Saint Pierre et Saint Paul debout et, entre eux, un écusson que tient un ange ; en haut, le monogramme du Christ ; en bas, le nom du possesseur de l'écusson et la date 1636. Suisse. — Larg. 35 cent. ; haut. 45 cent.

287 — Vitrail rectangulaire polychrome représentant un ange liant les pattes d'un dragon ; comme encadrement, en haut, rangée d'écussons et noms de leurs possesseurs ; à droite et à gauche, scènes bibliques ; en bas, inscription allemande et la date 1567. Suisse. — Larg. 30 cent. ; haut. 43 cent.

288 — Vitrail rectangulaire polychrome représentant la Vierge et l'Enfant entre deux saints debout, dont l'un en costume d'évêque ; en haut, la tête du Christ entre deux scènes de la Passion ; en bas, un écusson d'argent à la croix de gueules et la date 1575. Suisse. — Larg. 32 cent. ; haut. 35 cent.

289 — Vitrail rectangulaire polychrome représentant deux personnages debout se faisant face, l'un vêtu d'une robe d'hermine, l'autre portant l'armure complète. Suisse. xvɪᵉ siècle. — Larg. 56 cent.; haut. 71 cent.

290 — Vitrail rectangulaire polychrome représentant un écusson timbré d'un casque ayant pour cimier un étendard; à gauche, une femme debout; en haut, jeux d'amours en grisaille et rehauts de jaune. Suisse. xvɪᵉ siècle. — Larg. 31 cent.; haut. 42 cent.

291 — Vitrail rectangulaire polychrome représentant un écusson supporté par un lion; à droite, un homme d'armes portant la demi-armure et ayant à la main un étendard; en haut, en grisaille rehaussée de jaune, Saint Georges et un Archange tenant la balance du jugement dernier; en bas, les mots : *die Stat. Elgöw im* 1551. — Larg. 31 cent.; haut. 42 cent.

292 — Vitrail rectangulaire en grisaille : allégorie représentant Adam travaillant la terre après sa chute, au second plan, Ève, Caïn et Abel et licornes, éléphants, sangliers, chèvres. Allemagne. xvɪᵉ siècle. — Larg. 26 cent.; haut. 19 cent.

293 — Vitrail rectangulaire en grisaille : allégorie aux travaux du forgeron sur un fond de paysage montagneux avec maisons et cours d'eau. Allemagne. xvɪᵉ siècle. — Larg. 26 cent.; haut. 19 cent.

294 — Vitrail rectangulaire polychrome représentant un écusson parti de gueules et d'argent à la fleur de lis partie de l'un à l'autre, timbré d'un casque surmonté d'une fleur de lis ; en bas, inscription en allemand donnant le nom du possesseur et la date 1585. — Larg. 33 cent.; haut. 44 cent.

295 — Vitrail rectangulaire polychrome représentant un écusson timbré d'un casque ayant un ours issant comme cimier et flanqué de deux lansquenets debout armés d'une hallebarde. En bas, l'inscription : *die Statt Yfferden, 1583.* — Larg. 34 cent.; haut. 46 cent.

296 — Vitrail rectangulaire polychrome représentant un lansquenet debout tenant un grand étendard ; auprès de lui, un écusson; le tout sous une arcade ; en haut, la date 1539 entre un joueur de tambour et un joueur de flûte; en bas, les mots : *Werni ab egg anno Dni, 1539.* — Larg. 31 cent.; haut. 42 cent.

297 — Vitrail carré polychrome représentant le donateur et la donatrice debout et, en bas, entre eux, un écusson d'or aux trois cornes de cerf posées en fasce, le tout sous une arcade à pilastres et personnages et écusson dans l'archivolte. xvie siècle. Suisse. — Larg. 60 cent.

298 — Vitrail carré polychrome représentant un festin avec nombreux personnages dans un palais; en haut, galerie où se tiennent des musiciens, et deux écussons; sur les côtés, colonnes cannelées supportant la galerie. xvie siècle. Suisse. — Larg. 60 cent.

299 — Vitrail rectangulaire polychrome représentant un écusson d'argent à l'arbre au naturel timbré d'un casque ayant pour cimier un griffon issant; à droite et à gauche, une femme et un homme debout ; en bas, inscription en allemand et la date 1666. Suisse. — Larg. 40 cent.; haut. 60 cent.

300 — Deux Vitraux rectangulaires polychromes représentant sous une arcade, l'un Saint Jacques-le-Majeur, en pèlerin, tenant un livre, l'autre Saint Mathieu, en costume de moine, portant un casque sur un livre et tenant une

hallebarde. Suisse. xviie siècle. — Larg. 5o cent.; haut. 62 cent.

3o1 — Deux Vitraux rectangulaires en grisaille rehaussée de jaune, représentant l'Ascension et la Descente du Saint-Esprit sur les Apôtres. Suisse. xvie siècle. — Larg. 11 cent.; haut. 19 cent.

3o2-3o5 — Huit petits Vitraux circulaires polychromes, offrant chacun un écusson armorié et le nom du possesseur du blason. Suisse. xvie siècle. — Diam. 9 cent.

3o6 — Vitrail rectangulaire polychrome représentant la Vierge tenant l'Enfant et Saint Christophe portant le Christ sur ses épaules ; entre eux, deux écussons ; en bas, inscription en allemand et la date 1583. Suisse. — Larg. 12 cent.; haut. 31 cent.

3o7 — Vitrail ovale polychrome représentant une Danse de paysans. Allemagne. xviie siècle. — Haut. 25 cent.

3o8 — Vitrail rectangulaire polychrome représentant Saint Maurice debout, l'étendard à la main et Saint Nicolas en costume d'évêque ; en bas, les mots : *Clerus sancti Nicolai Friburgensium patroni, 1517.* — Larg. 33 cent.; haut. 44 cent.

3o9 — Vitrail rectangulaire polychrome représentant Saint Maurice debout, l'étendard à la main et Saint Edgard en costume d'évêque ; entre eux, l'aigle à deux têtes et la couronne d'Empire surmontant deux écussons accolés aux armes de Lucerne ; en haut, l'Annonciation en grisaille rehaussée de jaune ; en bas, la date 1571. — Larg. 33 cent.; haut. 44 cent.

3io — Vitrail rectangulaire polychrome représentant une femme debout, et auprès d'elle, un écusson timbré d'un casque ayant pour cimier un sonneur d'olifant ; en haut, deux scènes de chasse ; en bas, les mots : *Hans Prücker Ano Dni, 1540.* — Larg. 33 cent. ; haut. 42 cent.

311-312 — Quatre **Vitraux carrés** : le centre est occupé dans chacun d'eux, par un vitrail circulaire en grisaille rehaussée de jaune, représentant des Scènes de bataille contre des animaux fantastiques, ou de délivrance, ou de combat entre chevaliers, tirées de romans ; comme encadrement, couronne de motifs réguliers en couleurs. ~~Allemagne.~~ Commencement du xvie siècle. — Larg. 33 cent.

313 — **Vitrail rectangulaire** en grisaille et rehauts de jaune : au centre, vitrail circulaire représentant un Saint debout, tenant une épée, un lion à ses pieds ; comme encadrement, couronne de feuillages en couleurs. Allemagne. xvie siècle. — Larg. 31 cent. ; haut. 35 cent.

314 — **Sept petits Vitraux losangés**, représentant chacun, dans un médaillon circulaire, un écu d'armoiries.

315 — **Petit Vitrail circulaire** peint en grisaille, avec rehauts de jaune. Le Christ présenté au peuple ; composition d'un grand nombre de figures dans le goût de Lucas de Leyde. xvie siècle. — Diam. 27 cent.

316 — **Vitrail circulaire** peint en camaïeu brun, avec rehauts de jaune. Il représente le sujet du Baiser de Judas. xvie siècle. — Diam. 25 cent.

317 — **Vitrail circulaire** peint en camaïeu rose, avec rehauts de jaune. Saint Georges à cheval, armé de toutes pièces et terrassant le dragon. xvie siècle. — Diam. 22 cent.

318 — **Vitrail circulaire** peint en grisaille, avec rehauts de jaune. Le Repas d'Esther et d'Assuérus. xvie siècle. — Diam. 24 cent.

3 1 9 — Vitrail circulaire peint en grisaille, avec rehauts de jaune. Il représente le sujet de la Résurrection. — Diam. 22 cent.

320 — Vitrail circulaire peint en grisaille, avec rehauts de jaune. Il représente la Descente du Saint-Esprit sur les Apôtres. xvie siècle. — Diam. 22 cent.

321 — Vitrail circulaire en grisaille rehaussée de jaune : Le Christ couronné d'épines, emmené après sa condamnation ; comme encadrement, légende en vieil allemand. xvie siècle. — Diam. 31 cent.

322 — Vitrail circulaire en grisaille rehaussée de jaune : L'Arrestation du Christ ; au premier plan, Saint Pierre et Malchus ; comme encadrement, légende en vieil allemand. xvie siècle. — Diam. 31 cent.

323 — Vitrail circulaire en grisaille rehaussée de jaune : La Vierge assise dans une stalle gothique et tenant l'Enfant; à ses côtés, deux séraphins ; comme encadrement, guirlandes de feuillages et inscription latine. Allemagne. xvie siècle. — Diam. 31 cent.

324 — Vitrail octogone en grisaille rehaussée de jaune, représentant Joseph et la femme de Putiphar. Allemagne. xvie siècle. — Diam. 19 cent.

325 — Vitrail circulaire en grisaille rehaussée de jaune : Sainte debout près d'une tourelle et tenant la palme du martyre ; sur l'encadrement, guirlandes de feuillages et banderolle avec inscription latine. Allemagne. xvie siècle. — Diam. 31 cent.

326 — Vitrail rectangulaire en grisaille rehaussée de jaune : Allégorie des Vendanges sous les traits d'un personnage assis sur un tonneau, avec vue d'un pressoir au second

plan : comme encadrement, couronne de feuillages polychrome entourée de rinceaux jaunes. Allemagne. xvie siècle. — Larg. 31 cent. ; haut. 35 cent.

580

327 — Vitrail circulaire polychrome représentant un écusson
de gueules à la bande d'or accompagnée de deux lions
de même, surmonté de l'aigle éployée d'Empire ; comme
encadremen:. double rangée d'écussons avec les noms de
leurs possesseurs. Allemagne. xvie siècle. — Diam.
48 cent.

950

328 — Vitrail circulaire polychrome représentant un écusson
de gueules à deux haches d'or posées en sautoir accom-
pagnées en chef d'une croix de même, timbré d'un casque
ayant pour cimier un homme issant ; à droite et à gauche,
joueur de tambour et joueur de flûte ; en bas, longue
inscription en allemand et la date de 1663. Suisse. —
Diam. 52 cent.

720

329 — Vitrail circulaire polychrome représentant les armes
d'Empire soutenues par deux léopards et surmontant
deux écussons accolés aux armes de Zurich, et la date
1583 ; comme encadrement, rangée d'écussons avec les
noms de leurs possesseurs. Suisse. — Diam. 47 cent.

300

330 — Vitrail circulaire en grisaille rehaussée de jaune : Le
Couronnement de la Vierge ; comme encadrement, large
bande de grotesques et animaux. Allemagne. xvie siècle.
— Diam. 42 cent.

331 — Trois petits Vitraux ronds du xvie siècle, représentant
l'un Saint Pierre et Saint Paul, le second Saint Jean et
le troisième une scène tirée de l'histoire de l'Enfant pro-
digue. — Diam. 16 cent. et 20 cent.

380

332 — Vitrail rectangulaire représentant deux porte-éten-

dards dont l'un offre les armes de France ; les mêmes armoiries sont répétées dans le bas du vitrail entre les deux personnages. — Haùt. 35 cent. ; larg. 26 cent.

333 — Deux Vitraux carrés ; armoiries xviie siècle. — Haut. et larg. 33 cent.

334 — Vitrail octogone en grisaille rehaussée de jaune, représentant Joseph expliquant les songes du roi Pharaon ; au fond, nombreux personnages, xvie siècle. Allemagne. — Diam. 20 cent.

335 — Quatre petits Vitraux rectangulaires à figures et armoiries de style Renaissance.

336 — Dix petits Vitraux ronds armoriés.

337 — Vitrail rectangulaire de style Renaissance, représentant deux guerriers debout.

VERRERIE

338 — Grand Vase à deux anses en verre incolore, décoré de feuilles gothiques, de Croix de Lorraine, d'inscriptions et d'ornements en émail bleu avec rehauts d'or. Pièce signée : ÉMILE GALLÉ, de Nancy.

339 — Buire décorée de fleurs et d'inscriptions émaillées en couleurs sur champ partiellement pailleté d'or. Signée : ÉMILE GALLÉ, de Nancy.

340 — Deux Gobelets de décor analogue.

341 — Coupe en cristal très épais, décorée d'arabesques et d'entrelacs gravés, de style Persan, en relief avec rehauts d'or. Signée : ÉMILE GALLÉ, de Nancy.

342 — Gobelet de cristal, bleu et or, à ornementation en relief. Signé : ÉMILE GALLÉ.

343 — Gourde de chasse en verre incolore, pailleté d'or, de style Renaissance, portant sur chaque face de petits médaillons en relief fleurdelisés.

344 — Deux Burettes à anse en cristal gravé à étoiles.

345 — Verre cylindrique avec zone dorée à la partie supérieure.

346 — Deux Gobelets en verre à feuilles en couleurs ; de chez GALLÉ, à Nancy.

347 — Verre cylindrique évasé, feuilles et papillons en couleurs et doruré.

348 — Porte-Bouquet de forme aplatie en cristal à décor de rinceaux et guerriers gravés et dorés ; de chez GALLÉ, à Nancy.

349 — Carafe à anse torsade en cristal à décor de fleurs de même fabrication que la précédente.

350 — Deux Flacons de toilette à bouchons sphériques, en cristal taillé à facettes.

MEUBLES ANCIENS ET DE STYLE

351 — Belle Commode du temps de Louis XV, de forme contournée à deux tiroirs et à pieds cintrés en marqueterie de bois violet et satiné, richement garnie de chutes, de griffes de lion, de poignées, d'encadrements et d'appliques en bronze ciselé et doré. Le tiroir inférieur présente à son centre une partie concave décorée d'une

applique en bronze doré représentant un vase de fleurs qui repose sur un tablier cantonné de branches fleuries. Marbre brèche d'Alep. — Larg. 1 m. 37 cent.

352 — Beau Bureau à cylindre du temps de Louis XVI, en bois d'acajou et en marqueterie.

Le cylindre et les tiroirs représentent une Scène de la vie privée des Chinois. Les côtés sont décorés d'oiseaux reposant sur des draperies ainsi que de caisses à fleurs et attributs de jardinage.

Le dessus du meuble est encadré d'une galerie ajourée en bronze ciselé et doré surmontée de pommes de pin.

Ce meuble a été exécuté par le célèbre ébéniste du roi Louis XVI, DAVID ROENTGEN, et peut être considéré comme une de ses œuvres les plus remarquables. — Haut. 1 m. 36 cent.;larg. 1 m. 15 cent.

353-354 — Deux jolies Armoires du temps de Louis XVI, en marqueterie de bois clairs, citronnier, bois de violette, bois de rose, décorées chacune de douze plaques en émail peint de la Chine à nombreux personnages et motifs de plantes fleuries et d'oiseaux sur fond blanc. Dessus de marbre gris. — Haut. 1 m. 60 cent.; larg. 1 m. 20 cent.

355 — Petit Meuble de forme droite et à hauteur d'appui avec pilastres angulaires cannelés, en bois d'acajou garni de moulures à oves et feuilles d'eau, en bronze doré et de baguettes en cuivre. Ce meuble, attribué à RIESENER, ouvre à sa partie supérieure, à l'aide d'un abattant formant bureau et découvrant trois rangs de tiroirs superposés et séparés par des pilastres ; au-dessous de l'abattant, deux vantaux pleins recouvrent des tiroirs. Une épaisse tablette en granit rose d'Egypte forme le dessus du meuble. — Haut. 1 m. 6 cent.; larg. 89 cent.; prof. 56 cent.

6100
Jacques Doucet

356 — Grande et belle Armoire Louis XVI, en acajou, à une porte fermant à deux battants, avec pilastres cannelés aux angles ; corniche, encadrements et entrées de serrure en bronze ciselé et doré. — Larg. 1 m. 20 cent. ; haut. 2 m. 25 cent.

5700
Sichel

357 — Jolie Commode du temps de Louis XV, en marqueterie de bois à rosaces, très richement garnie de bronzes ciselés et dorés, à frise ornée de rinceaux, chutes et ornements nacrés. Dessus de marbre brèche. — Larg. 95 cent.

405
Leon Helft

358 — Petit Meuble cintré fermant à deux portes, entièrement recouvert d'une fine marqueterie à vases de fleurs, bouquets, etc. Époque Louis XVI. — Larg. 95 cent.

1050
Seligmann

359 — Table de nuit de forme ronde, du temps de Louis XV, en marqueterie de bois à fleurs et ornements. Ses trois pieds cintrés sont reliés par une tablette d'entrejambes.

5500
Lelong

360 — Très joli Chiffonnier à huit tiroirs et à angles arrondis, du temps de Louis XVI, en marqueterie de bois à fleurs et garni d'ornements en bronze ciselé et doré. Dans le haut, moulure en cuivre doré et dessus en marbre bleu turquin. — Haut. 1 m. 63 cent.; larg. 76 cent.

710

361 — Armoire, cintrée à sa partie supérieure, en bois noir et bois de palissandre. Les deux portes sont formées de panneaux peints du XVIe siècle, à fond d'or et représentant deux saints personnages debout. — Haut. 1 m. 70 cent.; larg. 1 m. 30 cent.

150

362 — Coffre rectangulaire en marqueterie de bois, d'ivoire et d'os, à échiquier et rosaces géométriques sur trois faces et les deux côtés du couvercle. Travail vénitien, dit à la Certosina. — Larg. 58 cent.; haut. 28 cent.

575+575
Helft

363 — Deux Armoires à hauteur d'appui en acajou, à une

porte s'ouvrant à un battant: la face antérieure flanquée
de deux pilastres cannelés est ornée d'une grecque, de
deux rosaces, d'un encadrement et d'un cul-de-lampe
à mascaron en bronze ciselé et doré ; dessus en marbre
griotte. — Larg. 52 cent. ; haut. 1 m.

364 — Deux Meubles-Vitrines à hauteur d'appui en marqueterie de cuivre et écaille ; les montants de la porte sont
ornés de deux cariatides de satyres en bronze ciselé et
doré, reposant chacune sur deux baguettes de même
métal, entourées de guirlandes ; l'entablement porte
une frise à palmettes surmontée d'une rangée d'oves
également en bronze doré ; dessus de marbre vert
Campan. — Larg. 88 cent. ; haut. 1 m. 30 cent.

365 — Table rectangulaire de style Louis XIII, en bois noir
richement décoré en marqueterie de bois. Le dessus
représente une corbeille de fleurs, sur une console,
entre des rinceaux symétriques ; les pieds carrés sont
reliés à leurs bases par une entretoise.

366 — Jolie Table de nuit rectangulaire de style Louis XVI,
en marqueterie de bois à treillis, enrichi d'appliques,
de frises et de moulures en bronze doré et reposant
sur quatre pieds cannelés, reliés à leur base par une
tablette à galerie. Le dessus en marbre blanc est aussi
bordé d'une galerie de cuivre. — Haut. 73 cent. ; larg.
56 cent.

367 — Table-Bureau de style Louis XVI, en marqueterie de
bois et garni de quelques ornements de cuivre.

368 — Deux petites Bibliothèques étroites à deux corps en
bois de palissandre, incrusté de filets en cuivre et corps
inférieur à dessus, incrusté de plaques de marbre. —
Larg. 37 cent.

805

369 — Meuble-Vitrine en bois satiné et bois d'amarante, de style Louis XVI, garni d'ornements en bronze ciselé et doré. Il a une porte et ses côtés vitrés et ses angles sont garnis de colonnettes à balustres, cannelées. Dessus de marbre bleu turquin encadré sur trois côtés, d'une galerie à balustres en cuivre doré. — Haut. 1 m. 34 cent. ; larg. 70 cent.

420
Mannheim

370 — Table à jouer de style Louis XVI, en bois de rose et bois d'amarante, garnie de bronzes ciselés et dorés et pieds cannelés. Le dessus présente un trophée d'instruments de musique et des fleurs en marqueterie de bois de couleurs. — Larg. 90 cent.

550

371 — Table-Bureau de même travail que la Table qui précède, avec entrejambes en X et dessus en peluche ponceau. — Larg. 1 m. 10 cent.

1210+1210
famille

372 — Deux jolies Bibliothèques de style Louis XVI en bois d'acajou sculpté, le corps inférieur ferme à deux portes sculptées à fleurs, le corps supérieur a deux colonnettes aux angles et ferme à deux portes vitrées. — Haut. avec fronton 3 m. ; larg. 1 m. 25.

373 — Meuble de Chambre à coucher de style Louis XVI en marqueterie de bois à rosaces et bois de palissandre sculpté. Il se compose d'un Lit à colonnes, d'une Commode, d'une Toilette, d'une Table-Bureau et de deux Tables de nuit.

374 — Grand Meuble-Dressoir de style Renaissance en bois de chêne sculpté. Le corps inférieur ferme à deux portes et est cantonné de deux étagères supportées par des balustres. — Haut. 2 m. 25 cent. ; larg. 2 m. 70 cent.

375 — Table-Dressoir de même travail. — Larg. 1 m. 39 cent.

376 — Table à manger de forme carrée, de même travail et de même style, avec quatre allonges. — Larg. 1 m. 79 cent.

377 — Douze Chaises en bois sculpté de style Louis XIII, couvertes en maroquin brun.

378 — Console de style Renaissance en bois sculpté à mascarons et colonnettes cannelées et à dessus de marbre. — Larg. 1 m. 50 cent.

379 — Deux Porte-Manteaux d'applique en bois sculpté, à trois arceaux, limités par des balustres portant les patères de bronze. — Larg. 1 m. 50 cent. ; haut. 77 cent.

380 — Table rectangulaire à deux tiroirs sur pieds godronnés en marqueterie de bois noir et de couleurs avec filets de cuivre et poignées de bronze, contenant un jeu de roulette. — Larg. 90 cent. ; haut. 77 cent.

381 — Table oblongue à un tiroir, en noyer sculpté avec rehauts de dorure ; la ceinture est ornée de bouquets de fleurs et baguettes ; elle repose sur quatre pieds colonnettes cannelés à entrejambes ; le dessus est recouvert en velours vert ciselé à fleurettes. — Larg. 1 m. 25 cent. ; haut. 75 cent.

382 — Lit à deux places, analogue à la Table précédente, à dossiers flanqués de colonnettes cannelées en spirale et à traverses ornées de canaux verticaux. — Larg. 1 m. 40 cent. ; long. 2 m. 10 cent.

383 — Table de nuit ovale, analogue au Lit précédent, sur quatre pieds cannelés en spirale reliés par une tablette, munie d'un tiroir et avec dessus de marbre brèche violette. — Diam. 48 cent. ; haut. 82 cent.

384 — Gigogne ou Jeu de Quatre Tables rectangulaires

s'emboîtant l'une dans l'autre, en bois avec branches et oiseaux en nacre incrustés sur chaque tablette.

385 — Table rectangulaire à deux abattants en noyer sur deux pieds fixes à double colonnette et quatre pieds mobiles; sur chaque abattant, médaillon en marqueterie de bois de couleurs. Fabrication de Cannes.

386 — Guéridon rond à bordure lobée sur trépied balustre en marqueterie de bois de couleurs, à médaillon central contenant des canards sauvages.

387 — Guéridon rond plus petit sur trépied balustre en marqueterie de bois de couleurs, à médaillon central représentant un troupeau à l'abreuvoir.

388 — Guéridon rond en marqueterie de bois de couleurs présentant un échiquier.

389 — Grande Armoire à deux corps de style Louis XIV, en marqueterie de cuivre et d'écaille; ils ferment chacun à une porte dont les deux battants portent la même décoration de feuillages, rinceaux et entrelacs symétriques; le corps inférieur contient en outre deux tiroirs. — Larg. 1 m. 17 cent.; haut. 2 m. 12 cent.

390 — Table-Bureau rectangulaire en chêne sculpté à trois tiroirs dans la ceinture et à quatre pieds balustres à pans reliés par un croisillon d'entrejambes. — Long. 1 m. 78 cent.; haut. 70 cent.

391 — Grand Buffet à deux corps en bois sculpté et filets de bois noir; le corps inférieur est à quatre vantaux pleins, le corps supérieur à quatre vantaux vitrés; il est surmonté d'un fronton à figures d'enfants en haut-relief et est orné de pilastres cannelés.

392 — Table de forme contournée de style Louis XVI, en

marqueterie de bois de couleurs et munie d'un tiroir;
galerie ajourée, entrée de serrure, poignées, chutes, encadrements et sabots en bronze ciselé et doré. — Larg.
68 cent.; haut. 75 cent.

393 — Pupitre oblong en bois sculpté avec rehauts de dorure,
sur pieds balustres, de chez *Mauchain,* Genève. — Larg.
85 cent. ; haut. 1 m.

394 — Table-Bureau oblongue en noyer sculpté et filets de
bois noir, sur quatre pieds colonnettes cannelés, reliés
par un croisillon; dessus de velours vert et tiroir dans la
ceinture. — Larg. 1 m. 10 cent.; haut. 70 cent.

395 — Toilette en noyer sculpté avec rehauts de dorure et
deux colonnettes d'angle, munie d'une porte antérieure
à deux battants et deux tiroirs avec dessus et tablette
d'étagère en marbre brèche violette. — Larg. 1 m. 35
cent.; haut. 1 m. 8 cent.

396 — Table-Bureau rectangulaire sur quatre pieds balustres
en bois verni avec dessus de drap vert. — Larg. 78 cent.;
haut. 75 cent.

397 — Boîte-Pupitre rectangulaire en bois verni avec cigognes dans un paysage en marqueterie de bois de
couleurs sur le couvercle, accompagnant la table précédente. — Larg. 48 cent.; haut. 20 cent.

398 — Piano à queue d'*Erard* en palissandre incrusté de
filets de cuivre, à sept octaves.

399 — Piano droit d'*Érard* avec caisse en bois de palissandre, sept octaves.

400 — Piano droit de *Pleyel* à sept octaves avec caisse en
bois de palissandre.

401 — Piano-Harmonium américain en noyer, surmonté de tuyaux peints bleu et rehaussés d'or.

402 — Table de nuit carrée en noyer sculpté, de style breton et à dessus de marbre.

403 — Deux Casiers à musique en bois.

404 — Deux Boites à Jeux rectangulaires, l'une en marqueterie de bois de rose, l'autre en maroquin crème.

405 — Écran à monture de fer doré et feuille mobile en tapisserie à fleurs. — Larg. 70 cent.; haut. 1 m.

406 — Joli Plateau rond à bords festonnés à fine marqueterie de bois par PHILIPPE MIGNON, de Cannes. Au fond, ébat de canards ; au pourtour, couronne de feuillages. — Diam. 40 cent.

407 — Plateau analogue à celui qui précède. — Diam. 37 cent.

408 — Table à Jeu oblongue en marqueterie de bois de couleurs, ornée d'une guirlande de fleurs sur la ceinture et reposant sur quatre pieds colonnettes cannelés. — Larg. 85 cent.; haut. 73 cent.

409 — Boîte à Cigares ayant la forme d'un hôtel en bois peint au naturel et rehaussé d'or, d'architecture allemande au XVIᵉ siècle.

410 — Boite analogue, mais plus grande.

411 — Papeterie revêtue de maroquin bleu, avec fermoir et chiffre P. M. en métal argenté.

412 — Petit Casier étroit en acajou, de forme contournée et garni de baguettes ornées en cuivre. — Haut. 1 m. 5 cent.; larg. 30 cent.

413 — Grande Boîte en marqueterie de bois avec incrusta-

tions de cuivre, sortant de la *Maison Giroux* et renfermant une foule de jeux en ivoire, en nacre et bois, jeux de dames, d'échecs, de lotos, des tours de physique, etc., etc.

414 — Coffre à Bois, décoré de panneaux brodés et en tapisserie au point à décor d'oiseaux sur fond blanc et de festons de feuillages.

415 — Bibliothèque tournante en acajou à filets de cuivre.

416 — Table-Servante en bois d'olivier et marqueterie sur pied en X.

417 — Armoire à deux corps en palissandre avec porte à deux battants à chaque corps et tiroir dans le corps inférieur ; sur chaque battant, attributs divers sculptés en haut-relief. — Larg. 80 cent. ; haut. 2 m. 20 cent.

418 — Grande Armoire fermant à trois portes en bois d'acajou, dont l'une garnie d'une glace.

419 — Serpentine. — Deux Colonnettes à chapiteaux ornés de feuilles, à fûts lisses à la partie supérieure et ornés de godrons plats à la partie inférieure et à bases à six pans. — Haut. 1 m. 5 cent.

GLACES ENCADRÉES

420-422 — Trois grandes Glaces biseautées chacune dans un cadre à fronton, tout en glace étamée, auquel sont adaptés en haut, en bas et sur les deux côtés, des bras porte-lumières et des branchages en métal argenté, chargés de pendeloques, de feuilles et de fruits variés et d'oiseaux en cristal de roche incolore. Ces pièces sont entremêlées d'ornements en cristal de roche enfumé. — Haut. environ 2 m.; larg. 1 m. 25 cent.

423-424 — Deux Glaces analogues à celles qui précèdent, mais en largeur. — Haut. et larg. 1 m. 60 cent.

425 — Grande Glace en hauteur de style vénitien, avec fronton, consoles latérales et cul-de-lampe formant glaces et ornés de motifs rapportés, formant glaces également. — Larg. 1 m. 35 cent.; haut. 2 m. 5 cent.

426-429 — Quatre grandes Glaces en hauteur, avec frontons et encadrements de cristal gravé à rinceaux et rehaussés de dorure. — Larg. 95 cent.; haut. 1 m. 90 cent.

430 — Glace étroite, à biseaux, avec cadre et fronton en glace, gravés à fleurs et rehaussés de dorure, style vénitien. — Haut. 1 m. 45 cent.; larg. 65 cent.

431 — Grande Glace avec cadre doré à oves et surmonté d'un fronton de style Louis XVI, en bois sculpté et doré, composé d'une urne, de branches de fleurs et laurier. — Haut. 2 m. 20 cent. ; larg. 1 m. 20 cent.

432 — Glace à biseaux, cadre de style Renaissance, en bois sculpté, rehaussé de dorure. — Haut. 1 m. 70 cent.; larg. 1 m. 20 cent.

433 — Glace en largeur, cintrée à sa partie supérieure dans un encadrement en noyer sculpté avec rehauts de dorure, composé de deux pilastres d'angles et de moulures, avec couronnes de feuillages sur la partie cintrée. — Larg. 1 m. 20 cent.; haut. 1 m.

434 — Glace rectangulaire dans un cadre en acajou, orné de moulures en bronze doré. — Larg. 80 cent.; haut. 1 m. 2 cent.

SIÈGES

435 — Fauteuil de bureau du temps de Louis XVI, en acajou, à dossier lyre et sur quatre pieds cannelés. Le siège est recouvert en velours vert ciselé à fleurettes semées en quinconce; sur le dossier, les accotoirs et les pieds, moulures en bronze doré. — Larg. 60 cent.; haut. 90 cent.

436 — Deux Fauteuils-Bergères et leurs coussins, en bois sculpté, sur quatre pieds cannelés en spirale et accotoirs terminés par deux balustres cannelés en spirale, recouverts sur le dossier, sur les deux faces des accotoirs et sur les coussins de tapisseries à vases et guirlandes de fleurs, attributs, couronne de feuillages et rubans sur fonds vert et crème. — Larg. 70 cent.; haut. 1 m.

437 — Deux grands Fauteuils de style Louis XIV, à sièges et dossiers carrés en chêne sculpté : les dossiers, surmontés de mascarons à têtes humaines, sont recouverts ainsi que les sièges, de tapisseries verdures représentant les scènes de chasse et des parcs avec personnages; les pieds cannelés sont reliés par une entretoise en X. — Larg. 66 cent.; haut.; 1 m. 22 cent.

438 — Deux Banquettes en bois laqué vert clair, rehaussé de dorure, avec siège de canne, dossier à colonnettes, surmonté de quatre médaillons d'Amours en grisaille et pieds colonnettes reliés par des entrejambes. De la *Maison Quignon*. — Larg. 1 m. 60 cent.; haut. 95 cent.

439 — Douze Chaises légères, analogues aux banquettes précédentes. — Larg. 35 cent.; haut. 95 cent.

440 — Quatre Fauteuils analogues aux chaises précédentes. — Larg. 55 cent.; haut. 90 cent.

N. B. — *Les trois numéros qui précèdent pourront être réunis.*

441 — Chaise Longue en deux parties, en bois d'acajou sculpté, couverte d'étoffe de soie, à fleurs et feuillages blancs, rehaussés de rose.

442 — Fauteuil de même modèle, couvert d'étoffe à fleurs et feuillages blancs et violets.

443 — Petit Canapé tout couvert d'étoffe de soie, à dessin blanc, sur fond groseille.

444 — Meuble de Salon, de style Louis XVI, en bois sculpté à tore de laurier et entrelacs et couvert de tapisserie d'Aubusson, à fleurs sur fond blanc et encadrements à fond vert. Il se compose de quatre Chaises, deux Fauteuils et un petit Capané-Lit marquise.

445 — Deux Chaises à sièges et dossiers carrés en chêne sculpté : le dossier, surmonté d'une coquille et d'un quadrillage, est recouvert ainsi que le siège, de velours vert foncé avec applications de palmettes et rubans de damas vert clair, à ramages, encadré de cordonnet; les pieds cambrés sont reliés par une entretoise en X. — Larg. 5o cent.; haut. 95 cent.

446-448 — Six Tabourets en X, à accotoirs en chêne sculpté : les sièges sont recouverts en velours de couleurs, ciselé à feuilles et larges fleurs. — Larg. 55 cent.; haut. 65 cent.

449 — Quatre Fauteuils à dossiers et sièges carrés en noyer sculpté, sur quatre pieds balustres reliés par une traverse : le dossier, flanqué de deux colonnettes balustres est surmonté d'une coquille cintrée et recouvert, ainsi que le

siège et les accotoirs, de velours rouge ciselé à palmettes et de satin groseille, avec cordonnet lamé de métal. — Larg. 65 cent.; haut. 1 m. 10 cent.

450 — Deux Chaises en X, à dossiers rectangulaires, analogues aux fauteuils précédents et recouverts de même. — Larg. 65 cent.; haut. 90 cent.

451 — Quatre Chaises à dossiers et sièges carrés, analogues aux chaises précédentes et recouvertes de même. — Larg. 45 cent.; haut. 96 cent.

452 — Tabouret de Piano, analogue aux chaises précédentes et recouvert de même. — Diam. 40 cent.

453 — Canapé à dossier rectangulaire et huit pieds balustres reliés par des traverses, analogue au tabouret de piano précédent et recouvert de même. — Long. 2 m.; haut 1 m. 10 cent.

454-455 — Quatre Tabourets carrés en chêne, à quatre pieds reliés par une traverse et siège en tapisserie au point à fleurs. — Larg. 35 cent.; haut. 45 cent.

456 — Banquette d'antichambre à deux accotoirs analogue aux tabourets précédents. — Larg. 1 m. 15 cent.; haut. 80 cent.

457 — Banquette de billard analogue à la banquette précédente avec tabourets mobiles pour les pieds. — Larg. 2 m. 40 cent.; haut. 90 cent.

458 — Deux Chaises de style Louis XV, en bois sculpté, à motifs rocaille; le dossier de forme contournée est compris entre deux colonnettes et est ornée d'un bouquet en tapisserie au point; l'une d'elle est dorée. — Larg. 42 cent.; haut. 95 cent.

459. — Deux Fauteuils de style Louis XVI, en noyer sculpté
et rehauts de dorure, à dossiers rectangulaires, colonnettes d'angle et pieds cannelés, recouverts sur le siège, le
dossier et les accotoirs de velours vert ciselé à fleurettes. — Larg. 62 cent.; haut. 90 cent.

460. — Quatre Chaises légères analogues aux fauteuils précédents, et à dossiers à colonnettes cannelées. — Larg.
42 cent.; haut. 85 cent.

461 — Canapé-Lit en maroquin capitonné, renfermant un
matelas.

TAPISSERIES ET BRODERIES

462 — Deux Belles Bandes verticales, finement exécutées en
tapisserie au petit point avec rehauts de fils dorés, et
composées chacune de six petits tableaux carrés superposés, représentant des scènes galantes et des sujets tirés
des *Métamorphoses d'Ovide* avec petits personnages portant le costume de la fin du xvie siècle. Ces tableaux sont
encadrés d'un feston de feuillages sur fond blanc. Beau
travail de l'époque Louis XIII. — Haut. de chaque bande
2 m. 30 cent.; larg. de chaque bande 40 cent.

463 — Beau Bandeau composé de treize petits tableaux encadrés de festons de fleurs en fond blanc et représentant
des sujets à petits personnages portant le costume du
xvie siècle, le tout en tapisserie au petit point rehaussée
de fils dorés. Travail de l'époque Louis XIII. — Haut.
45 cent.; long. 4 m. 55 cent.

464 — Bandeau de tapisserie au petit point de l'époque
Louis XIII et représentant un paysage accidenté et boisé

avec groupes de petites figures : le *Bon Samaritain,
Agar,* etc. — Haut. 40 cent. ; long. 3 m. 45 cent.

465 — Tableau en tapisserie des Gobelins, représentant une
fillette coiffée d'une toque bleue et drapée dans un man-
teau rouge bordé de fourrure. Exécuté d'après *Greniou*
et portant la signature de Cozette et la date 1733. —
Haut. 60 cent. ; long. 50 cent.

466 — Deux Tableaux en tapisserie des Gobelins, représentant des vases de fleurs, d'après *Baptiste Monnoyer.* —
Haut. 46 cent. ; long. 38 cent.

467 — Grande Tapisserie très fine et représentant un paysage
boisé avec oiseaux et buissons de roses au premier plan.
— Haut. 2 m. 25 cent. ; larg. 3 m. 90 cent.

468 — Panneau de tapisserie en largeur dans le goût d'Oudry
et représentant un chien en arrêt devant un faisan. —
Haut. 1 m. ; larg. 1 m. 33 cent.

469 — Quatre Rideaux en satin de laine havane, garnis chacun en hauteur et dans le bas de belles bandes de tapisserie à fleurs, fruits, ornements et figures de singes dans
les angles. Ces bandes datent du xviiie siècle. — Haut.
3 m. 20 cent. ; larg. 1 m. 20 cent.

470 — Jolie Bande de tapisserie en largeur, à figures d'a-
mours, lions et rinceaux en couleurs sur fond bleu.
xviie siècle. — Haut. 1 m. 30 cent. ; larg. 27 cent.

471 — Deux Bandes de tapisserie à mascarons, cariatides
fantastiques et rinceaux en couleurs sur fond blanc.
xviie siècle. — Haut. 40 cent. : larg. 1 m. 90 cent.

472 — Écran de forme contournée, en bois sculpté et doré,
de style Louis XV, surmonté de deux carquois : la feuille

présente sur une face un médaillon contenant une fillette debout, en tapisserie; sur l'autre, des oiseaux et branches fleuries, en soie brochée à fond crème. — Larg. 70 cent; haut. 1 m. 10.

473 — Écran de forme contournée, de style Louis XV, en chêne sculpté à feuillages rocaille et cartouche contenant le signe du Cancer; la feuille présente sur une face une scène pastorale à deux personnages, en tapisserie avec le même signe à la partie inférieure et sur l'autre des ramages en damas rouge. — Larg. 78 cent.; haut. 1 m. 15 cent.

474 — Joli Tapis long oriental en broderie de soies multicolores au passé, à fleurons et palmettes sur fond jaune avec rosace centrale à fond blanc et large bandeau composé de quatre bandes de bouquets et de festons.

475 — Grand et beau Tapis oriental en soie rouge d'un riche décor à bouquets, palmettes et ornements brodés en soies multicolores, avec rehauts de fils métalliques. Au centre, un médaillon elliptique à fond d'or chargé de fleurs.

476 — Couvre-Lit de satin bleu, entièrement couvert de riches broderies de soies multicolores, figurant des festons de fleurs entremêlés d'oiseaux et d'animaux. Au centre, une grosse rosace circulaire renferme un oiseau chimérique. xviie siècle; il est bordé d'un petit effilé de soie, en plusieurs tons.

477 — Tapis en satin bleu de ciel, brodé de gerbes de fleurs, en soies de couleurs, avec tiges en relief, couverte de lamelles métalliques; il offre au centre une belle rosace à fleurettes, sur fond d'or.

478 — Tapis de table en broderie de soie sur toile au point de chaînette à grosses fleurs et palmettes en couleurs inscrites dans un treillis.

479 — Tapis de table en broderie de soies de couleurs et de
fils métalliques entremêlés de paillettes sur fond rouge ;
il est bordé d'une frange de soie multicolore avec torsa-
des métalliques et doublé de peluche verte.

480 — Couvre-Lit décoré de fleurs et de rinceaux en broderie de soies de toutes couleurs, sur toile, avec bordure
composée de fleurons inscrits dans des médaillons lobés;
il est bordé d'un effilé de soie crème. xviie siècle.

481-485 — Environ soixante-quinze petits Carrés et petits
Tapis rectangulaires en broderie de soie, de fils métalliques, sur toile, en guipure, filet, etc. (Ce lot sera divisé.)

486 — Housse de divan, à décor de fleurs en velours de
plusieurs tons sur fond crème.

487 — Tapis de guéridon à grande rosace ornementale, en
broderie de soies multicolores sur fond de draps variés
de couleurs, avec bordure rouge et effilé de plusieurs
tons. Travail turc.

488 — Galerie de croisée en noyer sculpté, à moulures
rehaussées de dorure, avec lambrequin en satin orangé,
à attributs et fleurs, de travail chinois, brodés au passé
et rehaussés de fils métalliques et cantonnières de soie
verte. — Long. 1 m. 80 cent.

489 — Ciel de lit en noyer sculpté, à tore de laurier et canaux,
rehaussé de dorure avec pentes de satin orangé à personnages, attributs et inscriptions, de travail chinois, analogue au lambrequin précédent. — Larg. 1 m. 5 cent. ;
Prof. 1 m. 5 cent.

490-492 — Quatorze Coussins en soie et satin de couleurs,
brochés à fleurs.

493-494 — Dix Coussins en tapisserie au point.

495-499 — Vingt-un Coussins en velours, draps et étoffes diverses.

5oo — Trois Tabourets de pied en tapisserie au point et velours noir, à feuillages lamés de métal.

5oi — Deux grandes Portières en tapisserie d'Orient, composées de bandes verticales bleu, jaune et rouge, parsemées de fleurettes.

5o2 — Six Rideaux de satinette diagonale verte.

5o3-527 — Vingt-cinq beaux Tapis d'Orient, variés de dessins et de dimensions.

FAÏENCES ET GRÈS

528 — URBINO. Plat rond et creux en ancienne faïence d'Urbino, décoré en plein en couleurs, d'une scène tirée de l'*Histoire de Galathée* : Galathée au milieu des flots, sur une coquille traînée par un dauphin et entourée de dieux marins, avec second plan de coteaux et châteaux-forts. Au revers, le mot : *Galatea*. — Diam. 27 cent.

529-531 — CASTELLI. Six petites Assiettes à décor polychrome, offrant au centre des paysages boisés, des ruines et des ports de mer animés de figurines, et au marli de petits génies portant des fleurs.

532 — CASTELLI. Plaque rectangulaire, à décor polychrome, représentant Salomon sacrifiant aux faux dieux.

533-534 — CASTELLI. Deux Plaques circulaires, à décor polychrome, l'une représentant le Triomphe de Bacchus et l'autre la Sainte Famille.

535 — Castel-Durante. Grande Vase ovoïde, à col bas, émaillé bleu sur émail blanc et décoré de petits rinceaux enlevés à la pointe, de fleurs et de feuillages émaillés jaune et vert. — Haut. 39 cent.

536 — Petit Pot à anse, en faïence allemande, décoré de paysages polychromes et garni en argent. xviiie siècle.

537 — Deux Cruches en grès de Kreussen, à panse sphérique, à rosaces et mascarons en relief, émaillés bleu et gris. Elles sont de deux dimensions et garnies en étain.

538 — Petite Cruche en grès de Kreussen, émaillée gris et bleu. Elle porte au pourtour de la panse une frise de blasons sous des arceaux. — Haut. 20 cent.

539 — Tableau rectangulaire en faïence polychrome, sur fond doré, à l'allégorie de la Source. Cadre en bois noir. Signé : Froment Richard, 1884. — Larg. 90 cent.; haut. 1 m. 10 cent.

540 — Deux Cache-Pot en forme de corbeille ronde, à deux poignées surélevées, en faïence anglaise, couvertes au pourtour de bouquets de roses en ronde bosse et décorées au naturel, rattachés à la panse à l'aide d'un large ruban bleu clair. — Haut. totale 41 cent.; diam. 35 cent.

541 — Canette de faïence moderne à figures de chasseur et de fauconnier, émaillées en couleurs et à couvercle d'étain.

PORCELAINES DE SÈVRES

542 — Deux jolis Vases, forme tulipe, à piédouche, en ancienne porcelaine de Sèvres, pâte tendre, fond gros bleu, décorés en dorure de festons, de guirlandes et d'une

ceinture faite de couronnes entrecroisées. Le col des vases, creusé de canaux, et les anses, qui sont feuillagées, sont émaillés blanc ainsi que la tranche du piédouche. Collerette, couvercle à gaîne et plinthe à angles cintrés et rentrants en bronze ciselé et doré. — Haut. 21 cent.

543 — Deux jolis Vases, en forme de balustres hexagones, avec anses doubles détachées, en ancienne porcelaine de Sèvres, pâte tendre à fond blanc, décorés à la ceinture, en haut et en bas, de bandes d'œils-de-perdrix pointillés de bleu sur fond rose et bordées de gracieux festons de fleurs et de feuillages finement peints en émaux de couleurs. — Haut. 16 cent.

544 — Écuelle ronde à deux anses-branchages, Plateau rond et Couvercle surmonté d'un fruit, en ancienne porcelaine de Sèvres, pâte tendre à fond gros bleu. Chacune des trois pièces composant cette écuelle est décorée de deux médaillons oblongs représentant des scènes maritimes à personnages costumés à l'orientale, dans des encadrements de filets et de guirlandes en dorure par *Le Gay*. — Diam. du plateau 21 cent.

545 — Tableau rectangulaire en ancienne porcelaine de Sèvres, pâte tendre, représentant un paysage avec cours d'eau, maisons et aqueduc ; une moulure dorée simule le cadre. Marque aux deux L avec le caducée du peintre *Gomery*. Collection Fournier. — Long. 22 cent.; haut. 15 cent.

546 — Tableau rectangulaire en ancienne porcelaine de Sèvres, pâte tendre, représentant un paysage animé avec cours d'eau, pont et château-fort; moulures dorées simulant un cadre. Collection Fournier. — Long. 19 cent.; haut. 16 cent.

547 — Théière ovoïde à anse et couvercle en ancienne porcelaine de Sèvres, pâte tendre, décorée en couleurs et
dorure de deux paniers fleuris au milieu de guirlandes
de feuillages avec rubans. Lettre T, 1771. — Haut.
13 cent.

548 — Assiette à bords festonnés en ancienne porcelaine de
Sèvres, pâte tendre, décorée en couleurs, au fond,
d'un médaillon circulaire contenant un paysage animé avec cours d'eau, ruines et moulin, et, sur le
marli, de trois réserves ornées de paysages analogues
sur fond d'œils-de-perdrix en bleu et rose. Lettre D,
1756. — Diam. 25 cent.

549 — Deux Vases cylindriques évasés, sur piédouche pro-
filé en doucine, en ancienne porcelaine dure de Sèvres,
décorés sur la panse de feuillages et de cygnes en bas-
relief rehaussés de dorure ; sur le piédouche, feuilles
et couronne de laurier également dorés ainsi que la
bordure godronnée. Marque en rouge couronnée. Époque
Louis XVI. — Diam. 22 cent. ; haut. 30 cent.

550 — Deux Vases à couvercle et piédouche en porcelaine de
Sèvres (1882), décorés de fleurs et de papillons émaillés en couleurs sur fond noir.

551 — Deux Vases de forme ovoïde, à col évasé et piédouche
en porcelaine de Sèvres (1881) fond rose, à décor de
fleurs et d'arabesques en couleurs avec rehauts d'or.

552 — Petit Vase en forme de balustre, en porcelaine de
Sèvres, quadrillé de bleu et à médaillons à figures gaufrées
en relief, réservées en blanc sur fond rosé. — Haut.
22 cent.

553 — Deux Vases ovoïdes, à piédouche, col évasé et anses
faites de feuillages dentelés, en porcelaine de Sèyres

(1866) fond indigo rehaussé de fleurs en dorure ; ils sont décorés de grands médaillons ovales très finement peints, représentant des divinités de la fable et reposant sur des plinthes carrées en porphyre rouge de Suède. — Haut. 36 cent.

PORCELAINES DE SAXE

554 — Deux petits Tableaux rectangulaires en ancienne porcelaine de Saxe, représentant, l'un une amazone et un cavalier faisant boire leurs montures, l'autre une scène de chasse dans le goût de Wouverman ; des moulures en dorure avec coquilles aux angles simulent un cadre autour des tableaux. Collection FOURNIER. — Long. 21 cent.; haut 15 cent.

555 — Deux petits Tableaux rectangulaires, analogues aux précédents et de même porcelaine, représentant, l'un une amazone et un cavalier en promenade, l'autre une scène de camp. Collection FOURNIER. — Long. 17 cent.; haut. 12 cent.

556 — Deux petits Tableaux rectangulaires en ancienne porcelaine de Saxe, représentant, l'un une scène de camp, l'autre deux cavaliers arrêtés auprès de maisons en ruines ; des moulures en dorure avec coquilles rocaille aux angles simulent un cadre autour des tableaux. — Collection FOURNIER. — Long. 17 cent.; haut. 12 cent.

557 — Trois petits Tableaux rectangulaires, analogues aux précédents et de même porcelaine, représentant, l'un une amazone et des cavaliers à la promenade, l'autre un cavalier arrêté auprès d'une rivière et faisant boire son

cheval, le troisième une scène militaire. Collection Four-
NIER. — Long. 14 cent. ; haut. 10 cent.

558 — Perruche sur un rocher, en porcelaine de Saxe décorée au naturel. — Haut. 35 cent.

559 — Terrine en forme de poule hupée, en porcelaine décorée au naturel. — Haut. 28 cent.

560 — Sonnette de bureau en porcelaine de Saxe décorée
de fleurs polychromes.

561 — Tasse cylindrique avec soucoupe en ancienne porcelaine de Saxe fond gros bleu et médaillons de fleurs encadrés de dorure.

562 — Deux très petites Bouteilles en porcelaine de Saxe à
décor polychrome, arbustes et animaux.

563 — Tasse et Soucoupe à côtes et à branchages rapportés
en ronde bosse, en porcelaine de Saxe décorée de fleurs
et d'insectes.

564 — Tasse cylindrique légèrement évasée, sans anse, et
sa Soucoupe en ancienne porcelaine de Saxe, décorées
en couleurs de scènes de camp et de combats de l'époque
Louis XV; filets dorés. Marque aux deux épées en bleu
avec la lettre P en dorure.

565 — Trois Plateaux simulant des feuilles de vigne super-
posées en porcelaine de Saxe, blanc et or.

PORCELAINES DIVERSES

566 — La *Source*, statuette en terre de Lorraine. — Haut.
24 cent.

567 — Jardinière quadrilatérale en Wedgwood, fond bleu clair, cantonnée de Termes reliés par des guirlandes et décorée de statues et de vases en biscuit réservé en blanc. — Haut. 22 cent.

568 — Deux Cornets à bases cylindriques en biscuit de Wedgwood, à ornements, rubans et feuilles en relief et réservés en blanc sur fond bleu. — Haut. 16 cent.

569 — Sucrier en biscuit de Wedgwood, à figures d'amours en relief et réservées en blanc sur fond bleu clair. — Haut. 13 cent.

570 — Deux Vases ovoïdes et à pans en poterie émaillée brun et décorés de fleurs et d'ornements de style japonais en couleurs et or. — Haut. 21 cent.

571 — Deux petits Vases ovoïdes et à gorge évasée en porcelaine de Sèvres décorés d'ornements gaufrés en relief et à médaillons imitant des camées. — Haut. 18 cent.

572 — Petit Vase en forme de carafe en porcelaine de Sèvres, fond rose et fleurs émaillées. — Haut. 15 cent.

573 — Deux Plateaux en forme de coquille à bords ondulés à décor de fleurs arabesques en couleurs et relevées de dorure; céramique anglaise.

574 — Autre Plateau trilobé et à bords relevés, décor à fleurs et papillons en couleurs et dorure; céramique anglaise.

575 — Deux Porte-Allumettes cylindriques en porcelaine, genre Sèvres, à médaillons d'oiseaux en réserve sur fond gris bleu, vermiculé d'or. — Haut. 9 cent.

576 — Trois Porte-Allumettes cylindriques décorés de fleurs arabesques polychromes, rehaussées d'or.

577-578 — Cinq Buires variées de forme en porcelaine anglaise moderne à décor polychrome avec rehauts d'or.

579 — Bouteille à long col en porcelaine anglaise moderne, décor en couleurs avec rehauts d'or dans le goût oriental.

580 — Deux Bouteilles en porcelaine de Sèvres (1848) à fond jaune et festons de fleurs en camaïeu bleu rehaussé d'or.

581 — Deux petits Vases balustres, céramique hongroise à fleurs en couleurs rehaussées d'or sur fond blanc.

582 — Deux Cache-Pot à fleurs et oiseaux en couleurs avec rehauts d'or.

583 — Cornet cylindrique en céramique anglaise à fleurs en couleurs.

584-585 — Quatre Pièces : Deux Gourdes et deux Flacons à long col en céramique moderne à décor d'oiseaux et branchages en couleurs et or.

586-587 — Quatre Pièces : Deux Corbeilles ovales et leurs Plateaux en porcelaine moderne, à décor de fleurs et palmettes en or et couleurs.

588 — Deux Beurriers ronds couverts sur plateau fixe en porcelaine imitant le vieux Sèvres, à décor de fleurs.

589 — Service à Thé en porcelaine anglaise, à décor d'oiseaux et bandes contournées bleu turquoise, rehaussées de dentelles d'or, composé de treize Tasses et leurs Soucoupes, d'une Théière couverte, d'un Sucrier couvert, d'un Pot à lait, d'un Bol avec Soucoupe et de deux Plateaux carrés.

590 — Service à Thé en porcelaine anglaise, à décor de réserves d'oiseaux sur fond gris bleu rehaussées de den-

telles d'or, composé de douze Tasses et leurs Soucoupes, d'une Théière couverte, d'un Sucrier couvert, d'un Pot à lait, d'un Bol avec Soucoupe et de deux Plateaux carrés.

591 — Pot à anse, céramique anglaise à fleurs et oiseaux en couleurs et dorure sur fond blanc.

PORCELAINES DE CHINE MONTÉES

592 — Deux beaux Vases Porte-Fleurs ovoïdes, d'ancienne porcelaine de Chine à décor d'arbres en fleurs en bleu, rouge de fer et émail vert ; ils sont garnis d'une monture Louis XIV en argent très délicatement gravé et ciselé ; couvercles à graines décorés de rinceaux fleuris, collerette formée d'une boucle, rosace encadrant les ouvertures percées au sommet des vases, socles supports portant sur trois pieds à mascarons et se terminant en volutes. — Haut. 20 cent.

593 — Deux Vases balustres, à six pans, en ancien céladon bleu turquoise ; le col et la base sont garnis d'une monture en bronze doré, et les anses sont ornées de têtes de satyres également en bronze doré du temps de Louis XVI. — Haut. 29 cent.

594 — Petit Vase en forme de carpe debout en ancien céladon vert d'eau, de la Chine. Il est monté en guise de buire à une anse en bronze ciselé et doré et cette monture qui se compose de rocailles, de plantes marines et de roseaux, date de l'époque de Louis XV. — Haut. 32 cent.

595 — Petit Vase en forme de balustre côtelé et à deux anses ajourées, en ancien céladon vert d'eau de la Chine. Il est

garni d'une monture en bronze ciselé et doré qui date
de l'époque Louis XV et qui se compose d'une base et
d'une gorge rocaille ainsi que de deux festons de laurier
rattachés aux anses de porcelaine. — Haut. 32 cent.

596 — Deux belles Potiches de forme allongée, en ancienne
porcelaine de la Chine, décorée en émaux de couleurs où
le rose et le rouge de cuivre dominent, de deux grands
sujets à nombreux personnages, ressortant sur fond rouge
clathré d'or ; les couvercles sont surmontés de chimères.
Monture de style Louis XV en bronze ciselé et doré à deux
anses faites de branchages enroulés. — Haut. 62 cent.

597 — Deux Vases formés chacun d'un dauphin debout en
céladon vert d'eau et garnis de riches montures rocaille,
à une anse et plantes aquatiques en bronze ciselé et
doré. — Haut. 31 cent.

598 — Vase en forme de balustre en porcelaine de Chine,
fond bleu empois, à arbustes et branches fleuries, gaufrés
en relief et émaillés gris bleuté. Il est garni d'une monture en bronze ciselé et doré, composée d'un vase orné
de tortues, d'une gorge et de deux anses formées d'enfants
tritons, reliés par des guirlandes de laurier. —
Haut. 51 cent.

599 — Deux Potiches couvertes à panse ovoïde et col cylindrique bas, en ancienne porcelaine de Chine, famille
rose, décorées sur fond rose de chrysantèmes et de réserves lobées et en forme d'éventails, contenant des branches fleuries en couleurs, avec zones quadrillées et à
fleurs à la base et sur l'épaulement ; monture en bronze
doré à la base, au col et au couvercle. — Haut. 36 cent.

600 — Deux Flacons doubles ou Burettes en ancienne porcelaine de Chine, décorés de fleurs et insectes en bleu,

garnis de bouchons en argent, découpés à jour et surmontés de boules en corail. — Haut. 20 cent.

601 — Plateau rectangulaire à pourtour vertical, en vieux
céladon émaillé bleu turquoise garni d'une jolie monture
de bronze ciselé et doré à rocailles et feuillages. —
Long. 17 cent.; larg. 125 millim.

602 — Deux Poussahs, formant encrier, en ancien céladon
turquoise, sertis sur des tabourets carrés à pieds en spirale, en bronze finement ciselé et doré, de l'époque
Louis XVI. — Haut. 28 cent.

603 — Lampe de Suspension formée d'un vase ovoïde à col
cylindrique bas, légèrement évasé en porcelaine de Chine,
famille rose, décoré de jeux d'enfants et muni d'une
monture en bronze à mascarons têtes de satyres servant
à la suspendre. — Diam. 28 cent.; haut. 38 cent.

604 — Deux Lampes en porcelaine de Chine décorées de
rinceaux en bleu, monture en bronze doré. *Maison
Gagneau.*

PORCELAINES DE CHINE NON MONTÉES

605 — Lanterne octogone, en ancienne porcelaine mince de
la Chine, à corps légèrement renflé, décorée en émaux de
la famille verte, au pourtour d'un paysage où, parmi des
arbres et des rochers, se jouent des troupeaux de cerfs et
de biches; partie supérieure conique à fond vert pailleté
de noir, sur lequel se détachent des médaillons carrés à
angles rentrants, contenant alternativement le caractère
Cheou (longévité) et un fleuron en rouge et or, couronnée
d'une galerie évasée, ajourée et dentelée en céladon vert
d'eau; le soubassement, de même forme renversée repro-

duit la même décoration. Pièce exceptionnelle. — Haut. 33 cent.; diam. 20 cent.

606 — Vase de forme cylindrique légèrement évasé, en ancienne porcelaine de Chine, décoré en bleu sous couverte et en émaux de la famille verte, avec parties en relief; par l'ouverture circulaire d'un pavillon, appuyé contre des rochers, accompagnés de bananiers, on voit un jeune lettré, vêtu d'une robe verte, étendu et endormi sur un lit; de sa tête s'échappe une sorte de phylactère qui, s'enroulant et se développant sur la gauche, s'élargit de manière à laisser voir, dans une salle ornée d'un grand panneau peint en bleu et représentant un paysage, le même personnage, qui, assis devant une table et se disposant à écrire, regarde une petite fleur sortant de l'extrémité de son pinceau, prodige qui lui présage de grands succès littéraires. Le reste de la décoration montre un paysage rocheux avec balustrade et arbustes. En dessous : Nien-hao à six caractères à la date de Young-Tching (1723-1736). Collection de GEOFFROY. — Haut. 15 cent.; diam. 21 cent.

607 — Vase à corps turbiné et col cylindro-conique, coupé par deux filets saillants, en ancienne porcelaine de Chine, couverte rouge flambé; décor en relief; à la base, les flots de la mer d'où émergent des tiges de nelumbo, dont les feuilles et les fleurs se répandent sur une des faces du vase et la base du col; les feuilles sont en bleu sous couverte et les fleurs en rouge de cuivre sous couverte. — Diam. 19 cent.; haut. 37 cent.

608 — Bouteille à corps sphérique et col cylindrique s'évasant légèrement, en ancienne porcelaine de Chine. Couverte rouge de fer sur laquelle se détache un dragon à cinq griffes, émaillé en vert. — Diam. 13 cent.; haut. 19 cent.

609 — Urne ovoïde à col cylindro-conique, en ancienne porcelaine de Chine, décorée au pourtour, en plein, d'un paysage montueux où des personnages se promènent sous des arbres auprès d'une cascade ; sous un grand parasol rustique, des serviteurs préparent un repas ; sur le col, fond filigrané d'or et médaillons encadrés d'entrelacs à fleurons, formant lambrequins et contenant alternativement un paysage en camaïeu lilas et des fleurs ; à la base et autour de l'ouverture, bordure grecque en noir et or. — Diam. 18 cent. ; haut. 39 cent.

610 — Belle Potiche à panse ovoïde en ancienne porcelaine de Chine, décorée au pourtour de la panse et en émaux de la famille rose, de corbeilles de fleurs. Haut et bas, lambrequins à fond rouge d'or semés de fleurs en couleurs. Le couvercle à fond rouge d'or également, a pour bouton une Chimère assise, et il est bordé de quadrillages sur fond bleu clair, avec réserves de fleurs. — Haut. 63 cent.

611 — Grande et belle Potiche couverte, à huit pans, en ancienne porcelaine de Chine, décorée en émaux de la famille rose. Elle présente sur chacun de ses pans, soit un paysage avec sujet familier, soit un groupe de vases de fleurs, de modèles variés. Au pourtour de ces médaillons, fleurs émaillées en couleurs sur fond bleu et haut et bas de la panse, feuilles en relief et rosées. Le col et le couvercle présentent un décor analogue à celui de la panse du vase et le couvercle est surmonté d'un chien de Fô assis. — Haut. 87 cent.

612 — Potiche à double paroi en ancienne porcelaine de Chine. La paroi extérieure, repercée à jour, offre en bas-relief des médaillons de paysages, avec personnages, ainsi que des fleurs et des ornements, le tout émaillé en couleurs, l'émail bleu turquoise dominant. Belle qualité. — Haut. 40 cent.

613 — Deux grandes et belles Vasques, à panse sphérique, avec gorge, bord plat et anses têtes chimériques garnies d'anneaux mouvants, en ancienne porcelaine de Chine, décorée à l'extérieur de sujets familiers dans des paysages en émaux de couleurs, avec bandes bleu turquoise semées de fleurettes et d'arabesques dessinées, au trait, et à l'intérieur de poissons rouges et de feuillages émaillés vert. — Haut. 40 cent. ; Diam. 56 cent.

614 — Belle Vasque semi-ovoïde et profonde, en ancienne porcelaine de Chine, décorée en émaux de la famille verte, à compartiments de paysages montagneux, portant chacun de longues inscriptions et reliés entre eux par de larges fleurs arabesques. — Haut. 48 cent. ; Diam. 56 cent.

615 — Vasque de même forme que celle qui précède et de même qualité. Celle-ci est couverte de dragons à têtes chimériques qui se jouent dans les flots et elle présente à sa partie supérieure une couronne de lambrequins à fond vert, semée de fleurettes et bordée de noir. — Haut. 47 cent. ; Diam. 56 cent.

616 — Grande Vasque ovoïde à gorge, en ancienne porcelaine de Chine, décorée en bleu sous couverte de paysages animés, avec montagnes et cours d'eau ; sur la gorge et sur la bordure, réserves lobées contenant des fleurs et paysages également en bleu sur fonds quadrillés et vermiculés ; deux anses têtes d'animaux, en terre, ont été rapportées. — Diam. 60 cent. ; haut. 40 cent.

617 — Grande Vasque ovoïde à gorge et sur piédouche bas, en ancienne porcelaine de Chine, famille rose, décorée de branches fleuries et oiseaux avec course de rinceaux à la partie inférieure et à la partie supérieure, et deux anses mascarons têtes d'animaux dorées. — Diam. 60 cent. ; haut. 45 cent.

618 — Deux grandes Vasques ovoïdes, en ancienne porcelaine de Chine, famille verte, décorées sur fond rouge brique, de larges réserves à fond blanc de forme contournée, contenant des fleurs et oiseaux et séparées par de grosses fleurs et des branches fleuries ; à la partie supérieure, large zone ornée de réserves à fond blanc, contenant des paysages animés et vases de fleurs. — Diam. 46 cent. ; haut. 46 cent.

619 — Grande Vasque ovoïde, en ancien céladon vert pâle, ornée de dragons gravés sous couverte. Support à six pieds en bois. — Diam. 70 cent. ; haut. totale 98 cent.

620 — Grande Vasque cylindrique évasée, en porcelaine de Chine, décorée en couleurs sur fond rose, de larges fleurs reliées par des branchages. — Diam. 45 cent. ; haut. 27 cent.

621 — Grande Vasque tronconique, en ancienne porcelaine de Chine, famille verte, décorée de rochers, arbustes fleuris, fleurs et oiseaux, avec bordure lambrequinée à la partie supérieure. — Diam. 52 cent. ; haut. 47 cent.

622 — Vasque tronconique en ancienne porcelaine de Chine, famille verte, décorée de poissons au milieu de branches fleuries et coquillages, avec bordure de lambrequins dans la partie inférieure et la partie supérieure. — Diam. 43 cent. ; haut. 30 cent.

623-624 — Trois grandes Vasques tronconiques en ancienne porcelaine de Chine, famille rose, décorées de branches fleuries, rochers, oiseaux et insectes, avec bordures inférieure et supérieure de lambrequins à fond rouge, ornées d'une grecque et de motifs en dorure et couleurs. Chacune repose sur un support à cinq pieds avec entrejambes en bois sculpté rehaussé de dorure. — Diam. 62 cent ; haut. avec le socle 95 cent.

625 — Grande Vasque tronconique en porcelaine de Chine, décorée de deux dragons émaillés bleu, au milieu de rinceaux émaillés jaune. — Diam. 55 cent.; haut. 48 cent.

626 — Vasque tronconique en ancienne porcelaine de Chine, famille verte, décorée en couleurs, de quatre compartiments carrés, contenant des paysages animés, bouquets de fleurs, branches fleuries et oiseaux et séparés et encadrés par des bandes de rinceaux réservés en blanc sur fond rouge. — Diam. 38 cent.; haut. 38 cent.

627 — Pitong cylindrique en ancienne porcelaine de la Chine, à pourtour décoré en émaux de la famille verte et représentant trois personnages sur le balcon d'une habitation chinoise ainsi que les cîmes des grands arbres et des rochers. Du côté opposé au sujet ci-dessus est une longue incription. Très belle qualité. — Haut. 17 cent.; diam. 18 cent.

628 — Jardinière cylindrique en ancienne porcelaine de Chine, de la famille verte, offrant au pourtour une infinité de papillons, à rehauts d'or, et, en haut et en bas, une bande de fleurs sur fond émaillé vert et pointillé de noir. — Haut. 15 cent.; diam. 175 millim.

629 — Jardinière cylindrique en ancienne porcelaine de Chine, décorée sur fond blanc en émaux de la famille verte, de vases de toutes formes, de corbeilles, d'éventails et d'objets mobiliers. — Haut. 15 cent.; diam. 19 cent.

630 — Jardinière semi-ovoïde, en ancienne porcelaine de Chine, décorée en émaux polychromes de la famille rose, de deux médaillons circulaires, représentant le Dragon et de deux médaillons quadrilatères à paysages, en réserve sur un fond rose chargé de fleurs multicolores. Près du bord, une bande d'ornements bleus dentelés sur fond jaune impérial. — Haut. 16 cent.; diam. 22 cent.

631 — Jardinière semi-ovoïde, en ancienne porcelaine de
de Chine, décorée en émaux polychromes de la famille
rose, de quatre réserves ressortant sur un fond d'émail
rose traversé de cigognes gravées et de petites images.
Deux de ces réserves sont quadrilobées et représentent
des jardinières et divers objets; les deux autres, en forme
de feuilles, contiennent un vase d'où s'échappent des
plumes de paon et une branche de corail et au pied
duquel sont enroulés deux Kakemonos. — Haut. 18 cent.;
diam. 23 cent.

632 — Jardinière semi-ovoïde, à rebord plat, en ancienne
porcelaine de Chine, décorée en émaux de la famille
verte, sur fond blanc, de quatre médaillons, deux rectangulaires et deux ronds et lobés, contenant des oiseaux,
des papillons, des poissons, des plantes et des fleurs.
En haut, une bande à mosaïque verte et rouge, interrompue par des réserves à dragons; en bas, une bande
de faux godrons à pentes de fleurs. — Haut. 17 cent.;
diam. 23 cent.

633 — Jardinière semi-ovoïde, à rebord plat, en ancienne
porcelaine de Chine, décorée sur fond blanc, en émaux
de la famille verte avec rehauts d'or, de poissons et de
fleurettes; en haut, un lambrequin étroit; en bas, les
flots de la mer. — Haut 18 cent.; diam. 24 cent.

634 — Jardinière de même forme, à deux grandes réserves
rectangulaires, contenant des oiseaux, des buissons de
fleurs, des vases et des objets sacrés, en bleu rehaussé
d'or. Fond de fleurs arabesques rouge de cuivre et or,
avec branche fleurie en bleu dans l'intervalle des médaillons. — Haut. 18 cent.; diam. 23 cent.

635 — Jardinière semi-ovoïde, d'ancienne porcelaine de
Chine, décorée sur fond blanc, en émaux de la famille

verte, de trois chimères et de trois caractères chinois.
— 'Haut 18 cent.; diam. 22 cent.

636 — Jardinière hémisphérique d'ancienne porcelaine de
Chine, à fond blanc, à pourtour décoré en émaux de la
famille verte, d'un paysage avec habitations, bouquets
d'arbres, chaîne de montagnes, etc. — Haut. 18 cent.;
diam. 33 cent.

637 — Jardinière ovoïde, en céladon vert d'eau à décor de
fleurs arabesques gravées sous la couverte. — Haut.
18 cent.; diam. 20 cent.

638 — Jardinière cylindrique en céladon vert d'eau à décor
de fleurs arabesques en relief. — Haut. 13 cent.; diam.
16 cent.

639-640 — Deux autres Jardinières de même forme et de
même décor. — Haut. 13 et 14 cent.

641 — Pitong cylindrique en ancienne porcelaine de Chine,
famille rose; personnage en léger relief sur fond vert
imitant les flots de la mer. — Diam. 19 cent; haut. 16 cent.

642 — Petit Vase cylindro-ovoïde, en ancienne porcelaine
de Chine, décoré en émaux de la famille verte, de quatre
compartiments, contenant des plantes en fleurs et des
insectes encadrés d'une bande d'émail vert, pointillée de
noir et parsemée de fleurs. Belle qualité. Bouchon capsule en métal doré. — Haut. 26 cent.

643 — Deux Potiches ovoïdes à col cylindrique bas avec
leurs couvercles, en ancienne porcelaine de Chine,
famille verte, décorées sur l'épaulement d'un large lambrequin à pendentifs de fleurs sur fond pointillé, et à la
base d'animaux fantastiques en rouge de cuivre. — Diam.
25 cent.; haut. 43 cent.

644 — Vase rouleau à col cylindrique, en ancienne porcelaine de Chine, à fond bleu fouetté, décorée de poissons,
crabes et feuillages en dorure, avec grosses carpes
émaillées rouge de fer sur la panse. — Haut. 44 cent.

645 — Vase à panse turbinée et col droit, en porcelaine de
Chine, émaillée vert camélia à nervures saillantes. —
Diam. 17 cent; haut. 25 cent.

646 — Deux petits Cornets d'ancienne porcelaine de Chine,
fond rose, décorés de fleurs arabesques en émaux de
couleurs, et de deux médaillons réservés, contenant des
pivoines. — Haut. 25 cent.

647 — Garniture de ~~vingt~~ pièces, Potiches et Cornets semblables aux deux cornets qui précèdent. — Haut. 28 et
25 cent.

648 — Deux Cornets à panse renflée, en ancienne porcelaine
de Chine, à décor de fleurs d'aubépine en bleu sur fond
bleu marbré. — Haut. 42 cent.

649 — Vase en forme de carafe, à long col, en ancienne porcelaine de Chine, décoré de fleurs arabesques, en bleu
sur blanc. — Haut. 36 cent.

650 — Plat rond en ancienne porcelaine de Chine, fond
bleu fouetté, rehaussé d'arabesques dorées et à réserves
de paysages décorés en émaux de la famille verte, dont
une au centre et huit au marli. — Diam. 41 cent.

651 — Plat rond et creux, en ancienne porcelaine de Chine,
à fond bleu et large réserve au fond, représentant un
bouquet de fleurs aquatiques en bleu et rouge de cuivre.
— Diam. 40 cent.

652 — Grand Plat creux en ancienne porcelaine de Chine,
famille verte, décoré en plein de rochers et arbustes fleu-

ris, sur lesquels voltigent de nombreux oiseaux; étroite
bordure quadrillée avec réserves contenant des dragons;
rehauts d'or. — Diam. 52 cent.

653 — Grand Plat creux analogue au précédent et décoré
également d'arbustes fleuris avec nombreux oiseaux et
insectes ; même bordure et rehauts d'or. — Diam.
52 cent.

654 — Deux Compotiers circulaires en ancienne porcelaine
de Chine, famille verte, décorés au fond et sur le pourtour extérieur de plantes aquatiques et oiseaux. Nien-hao
à six caractères, au nom de Tching-hoa (1465-1488). —
Diam. 20 cent.

655 — Petit Plat en ancienne porcelaine dite de l'Inde,
décorée en bleu et or, au fond, de fleurs avec chenilles
et papillons, et au marli, d'entrelacs et rosaces. — Diam.
26 cent.

656 — Deux Coqs en regard, en ancienne porcelaine de
Chine, d'un riche décor en émaux multicolores; la base
des pièces simule un tronc d'arbre émaillé brun. — Haut.
38 cent.

657 — Deux Potiches couvertes d'ancienne porcelaine de
Chine à décor bleu, de buissons fleuris, avec lambrequins
inversés en haut et en bas. Ces vases ont été surdécorés
en dorure. — Haut. 44 cent.

658 — Deux pièces : Flacon à eau formé d'un singe assis,
tenant un fruit, en porcelaine de Chine, émaillé vert, et
Flacon en vieux craquelé, garni en or.

659 — Petit Vase en forme de balustre, en porcelaine
blanche gaufrée, à ornement en relief. — Haut. 20 cent.

660 — Bourdaloue en ancienne porcelaine de Chine, à décor polychrome de fleurs et poissons.

661 — Potiche couverte, en ancienne porcelaine de Chine, décorée de sujets familiers dans des paysages en émaux de la famille rose.

662 — Deux Vases à panse cylindrique et col plissé, en porcelaine craquelée gris de la Chine et décor émaillé en couleurs, à personnages, fleurs et ornements.

663 — Boîte lenticulaire en porcelaine de Chine, à fond jaune rehaussé de fleurs en couleurs et réserves de personnages.

664 — Vase modèle rouleau, en ancienne porcelaine de Chine, décor bleu à paysages et figures.

665 — Deux Pitongs cylindriques en céladon vert clair, à rinceaux gravés sous couverte. — Diam. 18 cent.; haut. 15 cent.; diam. 16 cent.; haut. 13 cent.

PORCELAINES DU JAPON

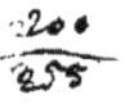

666-667 — Trois grandes et belles Potiches ovoïdes couvertes, en ancienne porcelaine du Japon, décorées en violet, bleu, rouge et or sur la panse, de réserves festonnées, contenant des haies fleuries, et sur l'épaulement et le couvercle, d'oiseaux voltigeant entre des compartiments ovales de fleurs. — Diam. 42 cent.; haut. 92 cent.

668 — Deux Cornets à base et col évasé, en ancienne porcelaine du Japon, décorés sur fond violacé d'oiseaux et branchages en or et couleurs. Monture de bronze doré. — Haut. 27 cent.

669 — Pitong cylindrique en porcelaine du Japon, à décor
polychrome d'arbustes, branches fleuries et inscriptions.
— Diam. 13 cent.; haut. 13 cent.

670 — Grand Plat creux, en ancienne porcelaine du Japon,
décoré en plein d'un sujet familier à trois personnages
dans un jardin, en émaux bleu, rouge et or; une étroite
bordure de croisettes interrompues par six compartiments
contenant des attributs divers et des corbeilles de fruits,
encadre la scène principale. Au revers, larges fleurs et
branches fleuries. — Diam. 59 cent.

671 — Grand Plat creux en ancienne porcelaine du Japon,
décoré en bleu, rouge et or, au fond d'un vase de fleurs
et au marli, d'une course de rinceaux interrompue par
deux vases de fleurs et deux réserves contenant des
scènes familières. Au revers, branches fleuries. — Diam.
60 cent.

672 — Plat rond en porcelaine du Japon, décoré en couleurs,
de nombreux personnages grotesques, dansant et grima-
çant, en léger relief. — Diam. 42 cent.

673 — Vase de nuit en ancienne porcelaine de Japon, à
décor bleu, rouge et or de fleurs.

674 — Bassin rond en porcelaine du Japon, décoré en couleurs et or intérieurement et extérieurement de paysages
et oiseaux. — Diam. 23 cent.; haut. 12 cent.

675 — Jardinière cylindrique en porcelaine du Japon, décorée sur fond rouge de compartiments à scènes grotesques,
émaillées en couleurs. — Diam. 26 cent.; haut. 17 cent.

676 — Jardinière sphérique en porcelaine du Japon à décor
polychrome, représentant quantité de scènes de la vie
privée au Japon. — Haut. 26 cent.; diam. 39 cent.

677 — Plaque rectangulaire en porcelaine du Japon, présentant en couleurs un groupe de lapins auprès d'un arbuste. — Larg. 45 cent. ; haut. 33 cent.

678-679 — Quatre Canards en porcelaine, deux émaillés vert, deux en couleurs.

680 — Canard en porcelaine du Japon, le bec et les ailes rehaussés de dorure.

681 — Cheval couché en porcelaine blanche du Japon, les yeux émaillés noir.

682 — Chien accroupi en porcelaine du Japon, émaillée au naturel ; une couverture émaillée rouge avec rinceaux dorés est simulée sur son dos.

683 — Groupe de trois Chiens en biscuit du Japon décoré au naturel.

684 — Groupe en porcelaine du Japon émaillée blanc et bleu, représentant un enfant jouant avec un chien. — Larg. 20 cent. ; haut. 20 cent.

685 — Quatre petites Théières japonaises en biscuit, décorées de fleurs arabesques émaillées bleu foncé sur fond turquoise.

686 — Autre petite Théière en terre émaillée blanc et décorée d'oiseaux et de branchages en couleurs et dorure.

687 — Tasse couverte en poterie de Satzuma, décorée de bouquets de palmiers, couleurs et or.

688 — Trois Tasses à thé avec Soucoupes en vieux Japon, à décor de fleurs en bleu, rouge et or.

689 — Deux Jardinières rondes et évasées en émail cloisonné sur porcelaine. Travail japonais.

690 — Deux Cornets surbaissés de même travail.

691 — Boîte sphérique surbaissée, à décor polychrome, mi-partie sur fond bleu.

POTERIES ET GRÈS DU JAPON

692 — Vase ovoïde à col cylindrique en grès brun du Japon, décoré de scènes fantastiques à nombreux personnages en émaux de couleurs. — Haut. 36 cent.

693 — Vase ovoïde en grès gris craquelé du Japon orné de paysages animés en couleurs et dorure. — Diam. 23 cent.; haut. 19 cent.

694 — Vase ovoïde en grès brun, orné de zones saillantes émaillées en couleurs. — Diam. 23 cent.; haut. 21 cent.

695 — Cache-Pot ovoïde en grès du Japon, décoré en couleurs de personnages combattant. — Diam. 17 cent.; haut. 15 cent.

696 — Plateau lobé à bords relevés en grès gris craquelé du Japon, décoré de trois animaux fantastiques en couleurs. — Diam. 17 cent.

697 — Bouteille piriforme en grès brun du Japon, décorée en couleurs d'une scène à nombreux personnages. — Diam. 24 cent.; haut. 35 cent.

698 — Deux Vases tronconiques à col cylindrique bas, en grès gris craquelé du Japon, décoré en couleurs et filets de dorure de guerriers, branchages et rosaces.

699 — Vase cylindrique en grès noir du Japon, à sujets grotesques en couleurs.

700 — Jardinière cylindrique en grès gris craquelé du Japon présentant en couleurs une danse de personnages grotesques avec anses têtes d'animaux.

701 — Jardinière cylindrique en grès gris craquelé du Japon à bossages décorés de scènes grotesques en couleurs.

702 — Jardinière de forme bursaire en grès gris craquelé du Japon, décoré en couleurs de personnages à têtes d'animaux.

703 — Vase ovoïde en grès noir du Japon à combats de guerriers en couleurs.

704-706 — Sept petits Vases cylindriques en boccaro du Japon à décors d'animaux fantastiques émaillés en couleurs.

707 — Deux Pitongs cylindriques de dimensions différentes, l'un en grès gris, l'autre en grès brun du Japon, décorés de personnages grotesques et animaux en couleurs.

708 — Pitong cylindrique, évasés à la base, en grès gris craquelé du Japon à personnages debout émaillés en couleurs.

709 — Pitong en grès vert craquelé du Japon, simulant une feuille d'eau repliée en forme de cylindre avec nervures et branche saillantes.

710-711 — Sept Plateaux lobés à bords relevés, de dimensions différentes, en grès gris craquelé du Japon à sujets grotesques émaillés en couleurs.

712 — Cinq Assiettes octogones de dimensions différentes en grès gris craquelé du Japon, à sujets grotesques émaillés en couleurs.

713 — Plat rond à ombilic en grès gris craquelé du Japon, à guerriers et animaux émaillés en couleurs.

714 — Trois pièces : deux Plateaux carrés à bords relevés et petit Plateau ovale allongé en grès gris craquelé du Japon, à sujets grotesques émaillés en couleurs.

715-717 — Sept Bassins ronds de dimensions différentes en grès gris craquelé du Japon, à personnages grotesques et animaux émaillés en couleurs.

718 — Coupe circulaire profonde en grès gris craquelé du Japon, à personnages et têtes d'animaux émaillés en couleurs.

719 — Brûle-Parfums sphérique en grès gris craquelé du Japon, décoré de combats grotesques avec parties ajourées sur l'épaulement et anses têtes d'animaux.

720 — Petit Vase tronconique en grès brun du Japon à scènes grotesques et squelettes en couleurs.

721 — Deux Plats ronds en grès gris craquelé du Japon à groupes de personnages grotesques en couleurs. — Diam. 39 cent.

722 — Plateau carré à angles coupes et relevés en grès gris craquelé du Japon, décoré en couleurs d'une figure de pêcheur grotesque. — Larg. 19 cent.

723 — Plateau rond en grès gris craquelé du Japon, décoré de deux personnages grotesques. — Diam. 17 cent.

724 — Plat rond en grès brun du Japon, décoré en couleurs d'un personnage monstrueux. Diam. 25 cent.

725 — Assiette octogone en grès gris craquelé du Japon, décoré en couleurs au fond d'un personnage grotesque. — Diam. 21 cent.

726 — Plateau quadrillé à bords relevés en grès gris craquelé du Japon, orné en couleurs d'un personnage grotesque et d'une tête de mort. — Diam. 16 cent.

727 — Plat rond en grès gris craquelé du Japon, présentant au fond en couleurs une femme assise sur un poisson. — Diam. 34 cent.

728 — Plat creux en grès gris craquelé du Japon, décoré en couleurs d'un personnage à tête d'animal chimérique dansant avec trois autres personnages semblables, mais plus petits. — Diam. 40 cent.

729 — Coupe octogone en grès gris du Japon avec motifs ovales réservés en brun sur chaque pan. — Diam. 18 cent.; haut. 8 cent.

730 — Petit Bassin rond en grès gris craquelé du Japon, décoré au fond, en couleurs, de personnages à têtes d'animaux dansant autour d'une corbeille de fruits. — Diam. 22 cent.

731 — Plat rond en grès gris craquelé du Japon, décoré au fond, en couleurs, d'un guerrier monté sur un dragon. — Diam. 32 cent.

732 — Plat rond en grès gris craquelé du Japon, décoré au fond, en couleurs, d'un personnage monté sur un poisson. — Diam. 29 cent.

733 — Plat creux en grès gris craquelé du Japon, décoré en plein, en couleurs, de nombreux personnages grotesques armés de sabres et de lances et se menaçant. — Diam. 48 cent.

734 — Plat rond en grès gris craquelé du Japon, à cinq personnages grotesques émaillés en couleurs. — Diam. 39 cent.

735 — Plat rond en poterie du Japon, à décor polychrome à
fleurs, ornements et dragons. Ce dernier est émaillé
vert. — Diam. 45 cent.

736 — Deux petits Plateaux rectangulaires en poterie de
Satzuma, à décor de danses japonaises. — Long.
15 cent.; larg. 11 cent.

LAQUES

737 — Joli petit Meuble de forme oblongue, fermant à une
porte, en laque noir du Japon, décoré de quadrillages,
de rosaces et de médaillons, de paysages en or en relief.
Il contient trois tiroirs en laque aventuriné. — Haut.
23 cent.; long.; 36.; larg. 20 cent.

738 — Belle Boîte carrée et profonde en bois naturel laqué
en or et incrusté de nacre en relief, écran, fleurs et cordons simulés. — Haut. 19 cent.; larg. 29 cent.

739 — Boîte plate à pourtour arrondi en laque noir pailleté
d'or. A l'intérieur, flots simulés et feuillages, et à l'intérieur du couvercle, la lune simulée à l'aide d'une plaque
de métal de 11 centimètres de diamètre. — Haut. 11 cent.;
long. 37 cent.

740 — Boîte à papier de forme oblongue, en laque du Japon
à fond noir et riche décor de fleurs et d'éventails en or
et couleurs. — Haut. 15 cent.; long. 39 cent.; larg.
29 cent.

741 — Boîte de forme analogue, décorée de fleurs en camaïeu sur fond brun. — Haut. 17 cent.; long. 42 cent.;
larg. 34 cent.

742 — Deux petits Cabinets, en trois parties reliées par des charnières et contenant quantité de tiroirs ou compartiments en laque noir, à décor d'oiseaux, d'arbustes et d'armoiries en or. — Haut. 23 cent.; larg. fermé 30 cent.

743 — Boîte à papier en laque ciselé rouge et vert à fleurs et oiseaux. — Haut. 12 cent.; long. 39 cent.; larg. 31 cent.

744 — Boîte cylindrique à quatre compartiments en laque rouge ciselé à fleurs. — Haut 28 cent.; diam. 24 cent.

745 — Support carré découpé sur ses quatres faces, en marqueterie de bois et enrichi de fleurs en relief exécutées en nacre. — Haut. 14 cent.; larg. 17 cent.

746 — Cantine de fumeur en laque noir gravé et fourneau en émail cloisonné. — Haut. 22 cent.; larg. 20 cent.

747 -- Deux Pitongs cylindriques en ancien laque d'or du Japon à décor d'éventails et d'oiseaux. — Diam. 10 cent.; haut. 14 cent.

748 — Partie inférieure d'une courge ornée de fleurs et fruits en laque d'or avec insectes de nacre et d'ivoire incrustés; le couvercle en bois, offre une décoration analogue. — Diam. 23 cent.; haut. 7 cent.

749 — Deux jolies Boîtes rondes en ivoire laqué or et enrichies d'incrustations de nacre, d'ivoire, de corail etc. Le dessus est décoré de sujets familiers et le pourtour de branches fleuries. — Haut. 11 cent.; diam. 11 cent.

750 — Boîte analogue à celles qui précèdent. Celle-ci est décorée d'oiseaux et de fleurs. — Haut. 95 millim.; diam. 95 millim.

751 — Petite Boîte ovale et plate avec plateau intérieur en

ivoire laqué en or, à arbustes et oiseaux Travail japonais.

752 — Porte-Cartes en ivoire laqué or et enrichi d'appliques en métal oxydé et doré à figures. Travail japonais.

753 — Petite Boîte en laque, en forme de tortue.

754 — Boîte ronde en écaille laquée d'or à paysage, fleurs et personnages. Travail japonais.

755 — Boîte analogue à celle qui précède, mais plus petite.

756 — Vase en forme de carafe en grès laqué à fleurs et oiseaux en relief en or et couleurs. Travail japonais. — Haut. 21 cent.

757 — Boîte sphérique surbaissée à couvercle et plateau en bois laqué, décorée d'oiseaux, de fleurs et d'insectes en or et couleurs. — Haut. 8 cent.

758 — Boîte-Pupitre en forme de livre en bois laqué, ornée sur ses faces et son couvercle de nombreuses scènes familières chinoises, laquées or et argent; l'intérieur contient deux compartiments dont l'un forme écritoire, fermés tous deux par des couvercles présentant également des scènes familières, laquées or et argent sur fond noir. Travail chinois. — Larg. 40 cent.; haut. 10 cent.

759 à 761 — Trois petits Cabinets en laque noir et vert à décor d'or et incrusté de plaques en poterie du Japon à fleurs en relief. Ils sont variés de dimensions.

762 — Tableau rectangulaire en laque noir représentant en or en relief un cortège de sauterelles dans un paysage. — Haut. 28 cent.; larg. 54 cent.

763 — Belle Boîte à papier en laque aventuriné du Japon,

décorée de paysages en or, en relief. — Haut. 15 cent.;
long. 41 cent.; larg. 32 cent.

764 — Boîte analogue à celle qui précède en laque aventuriné
au pourtour et paysages et cours d'eau sur le couvercle.
— Haut. 16 cent.; long. 39 cent.; larg. 30 cent.

765 — Boîte à papier à angles arrondis, en laque noir du
Japon à décor d'or, paysage avec cours d'eau et arbustes.
— Haut. 17 cent.; long. 41 cent.; larg. 32 cent.

766 — Trois Pièces en laque noir à décor d'or: bassin circulaire, support de même forme, et vase à eau avec
goulot.

767 — Deux Supports-appliques, en bois laqué à feuillages
dorés sur fond noir.

768 — Boîte oblongue, en bois laqué, décorée sur toutes ses
faces et le couvercle, d'oiseaux volant au-dessus d'un
étang. — Larg. 45 cent.; haut. 25 cent.

769 — Trois Gobelets obconiques, en corne, à fleurs laquées
or et incrustations de nacre. Travail japonais.

770 — Pitong obconique en corne, décoré au pourtour de
branchages et d'oiseaux en laque d'or et d'argent avec
incrustations de nacre.

771 à 774 — Onze Plateaux de dimensions différentes en
bois dur et bois laqué. Travail japonais.

775 — Vase cylindrique bas en bois laqué, décoré de feuillages en couleurs sur fond noir. Travail japonais.

776 — Socle oblong en bois, orné d'une frise de fleurs laquées
or et vert. Travail japonais.

777 — Boîte circulaire en bois, ornée de fleurs laquées or et
rouge. Travail japonais.

ALBUMS JAPONAIS

778 — Album japonais contenant cent deux très beaux dessins en couleurs sur soie, représentant des scènes de la vie privée et des figures de la mythologie au Japon. Les plats en étoffe sont garnis d'écoinçons en argent. — Long. 39 cent. ; larg. 24 cent.

779 — Album japonais contenant vingt dessins en couleurs sur soie, représentant des études d'oiseaux. — Long. 31 cent. ; larg. 24 cent.

780 — Album japonais contenant vingt-six dessins en couleurs sur soie, sur gaze ou sur crêpe et représentant des paysages, des études de fleurs et d'oiseaux, et des personnages variés. Reliure en bois. — Long. 40 cent. ; larg. 31 cent.

781 — Album contenant douze jolis dessins sur soie, études d'oiseaux. Reliure en étain avec écoinçons en émail cloisonné. — Long. 36 cent. ; larg. 31 cent.

782 — Album japonais contenant huit jolis dessins sur soie, oiseaux, paysage, divinités, fleurs, personnages et animaux. — Long. 27 cent. ; larg. 22 cent.

783 — Album contenant un grand nombre de dessins en couleurs sur papier de riz : scènes de la vie privée, fleurs, etc.

784 — Huit Albums japonais sur soie et sur papier représentant des études de fleurs, de paysages, etc.

SCULPTURES DE L'ORIENT

785 — Bois. Grand Brûle-Parfums ovoïde à gorge, couvercle et sur trois pieds en bois sculpté et laqué brun, rouge et or, orné d'animaux fantastiques et muni de deux anses têtes de dragons; sur le couvercle, un chien de Fô en ronde bosse. — Diam. 75 cent.; haut. 1 m.

786 — Bois sculpté. Deux grands Chiens de Fô accroupis en ronde bosse, les yeux peints au naturel, la patte posée sur une sphère de bois laqué rouge. Travail chinois. — Larg. 80 cent.; haut. 95 cent.

787 — Trois pièces en bambou sculpté: Boîte à deux compartiments à poignée, et couvercle et deux petites Boîtes cylindriques.

788 — Ivoire. Pitong cylindrique décoré au pourtour de paysages avec figures. Travail chinois. — Haut. 14 cent.

789 — Ivoire. Boule finement sculptée à figures et arbustes, et contenant quantité d'autres boules concentriques à ornements et ouvertures découpées à jour. Au-dessus une figurine de femme, et au-dessous un gland de soie. — Diam. de la boule extérieure 9 cent.

790 — Ivoire. Deux Pitongs à angles arrondis et décorés sur leurs deux faces d'oiseaux et d'arbustes en relief. — Haut. 12 et 11 cent.

791 — Mortier en ivoire à pourtour sculpté couvert d'oiseaux, de chimères et d'arbustes en bas-relief. Travail indien. Cette pièce est accompagnée d'un pilon en ivoire.

792 — Statuette en ivoire, la Pêche, élevée sur un piédestal circulaire en ébène à moulures d'ivoire. Travail moderne.

793 — Pitong cylindrique ajouré en bambou à décor de personnages chinois jouant aux dames dans un paysage, avec arbres et rochers. — Diam. 8 cent.; haut. 15 cent.

794 — JADE BLANC. Bloc sculpté en ronde bosse et figurant une passerelle en bois, cintrée, sur laquelle sont trois figurines, un homme poussant une brouette, un cavalier et une troisième figurine conduisant son cheval par la bride. Ce pont s'appuie sur une plaque de jade vert foncé simulant l'eau ; une jonque de jade blanc passe sous le pont. Travail chinois. — Haut. 9 cent.; long. 17 cent.

795 — Grande Vasque oblongue en pierre schisteuse, ornée de sujets familiers chinois en bas-relief, émaillés brun sur fond vert. Support à enroulements de feuillages en bois dur. Travail chinois. — Larg. 55 cent.; Haut. totale 35 cent.

OBJETS VARIÉS (ORIENT)

796 — Plateau rond à bords festonnés en fer, incrusté d'argent et d'or à dessin formant rosace, à fleurs dorées au centre et compartiments variés au pourtour. — Diam. 35 cent.

797 — Service de Table composé d'un Couteau et de deux Bâtonnets dans une gaîne carrée en ivoire gravé à paysages et figures, le tout garni en argent émaillé. Travail chinois.

798 — Boîte oblongue en métal laqué, décorée d'arbustes et d'oiseaux dorés.

799 — Trousse japonaise en laque ciselé du Japon à oiseaux en relief et bouton d'attache en ivoire et métal.

800 — Boîte à médecine en métal avec enveloppe extérieure et netské formé d'un personnage accroupi en bois laqué.

801 — Sabre japonais à lame triangulaire, garde et bouterolle en métal ciselé, argenté et doré et fourreau laqué noir.

802 — Deux petits Vases en forme de carafe en émail cloisonné de la Chine à fleurs polychromes sur fond bleu turquoise. — Haut. 23 cent.

803 — Deux Vases de forme cylindrique aplatie en émail cloisonné du Japon, ornés de poissons et plantes aquatiques. — Haut. 21 cent.

804 — Plateau rond en émail cloisonné du Japon. Au fond, médaillon de personnages à fond bleu clair et fleurettes et ornements au pourtour. — Diam. 30 cent.

805 — Panneau rectangulaire en hauteur, en bois dur sculpté, présentant des oiseaux, rochers et arbustes en bas-relief, avec applique en bronze. Travail japonais. — Larg. 18 cent.; haut. 1 m. 05 cent.

806-807 — Trois Panneaux de même travail de dimensions et de sujets variés.

808 — Boîte de forme lenticulaire en cuivre émaillé à fond bleu clair, décorée de fleurs et d'attributs polychromes. Travail de Canton. — Diam. 23 cent.

809 — Pitong cylindrique en bois dur incrusté de feuilles et

poissons en pierre de lard, nacre, malachite et autres pierres; les deux anses en bronze doré, du temps de Louis XVI, ont été rapportées. — Diam. 19 cent.; haut. 18 cent.

810 — Tableaux représentant en relief et exécuté en diverses matières un paysage avec cours d'eau. Dans un cadre en laque rouge ciselé.

811 — Tableau représentant un cortège de sauterelles en relief sur fond peint.

812 — Etui rectangulaire plat en écaille.

813 — Etui rectangulaire plat en cuivre gravé à rinceaux et fleurettes argentées.

814 — Deux Pitongs à quatre pans en ivoire sculpté, à branches fleuries et oiseaux. Travail japonais.

815 — Deux Lances japonaises à hampe et fourreau de bois laqué or, à feuillages sur fond aventuriné. — Haut. 2 m. 65 cent.

816 — Quatre Ecrans à main japonais en étoffe brodée.

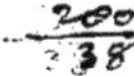

BRONZES DE L'ORIENT

817 — Deux Vases campanulés à deux anses et sur trois pieds renflés en ancien bronze de la Chine à patine verdâtre, décorés d'une zone supérieure de rinceaux en bas-relief, bordée à sa partie inférieure d'un lambrequin qui diffère dans les deux vases. — Diam. 27 cent.; haut. 27 cent.

818 — Deux Bassins circulaires en bronze du Japon, reposant sur trois pieds et décorés l'un sur fond rouge, l'autre sur le fond de métal de branches fleuries laquées or et couleurs. — Diam. 19 cent.; haut. 18 cent.

819 — Vase à corps turbiné en bronze du Japon, à feuillages laqués or et aventurine sur fonds bronze et rouge alternés. — Diam. 32 cent.; haut. 28 cent.

820 — Deux Gobelets à pourtour légèrement concave, en cuivre bronzé du Japon, décorés de branchages gravés, avec fleurs et fruits saillants plaqués or et argent ; sous le fond des vases est une inscription gravée. — Haut. 11 cent.

821 — Boîte de forme sphérique surbaissée en bronze du Japon. Sur le couvercle, oiseau sur un arbuste, le tout en relief. — Diam. 15 cent.

822 — Plat rond en bronze du Japon, orné au fond d'une branche laquée or. — Diam. 30 cent.

823 — Flacon à eau en forme de chien de Fô, couché en cuivre doré. Travail chinois.

824 — Statuette grotesque en bronze, partiellement argenté du Japon : Lapin debout près d'un mortier, le pilon dans une patte.

825 — Boîte hexagonale en bronze, décorée sur le couvercle d'oiseaux et feuillages dorés et argentés. Travail japonais.

826 — Potiche surbaissée à pans en cuivre gravé et bronzé. — Haut. 29 cent.

MEUBLES DE L'ORIENT

827 — Guéridon rond sur trépied balustre en bois laqué noir avec dragons, oiseaux et rinceaux en couleurs. Travail chinois.

828 — Ecran en bois laqué noir ajouré avec incrustations, branchages et oiseaux sur les deux faces; monture de bambou. Travail japonais. — Larg. 72 cent.; haut. 1 m. 10.

829 — Paravent à quatre feuilles à monture de bois laqué noir; les feuilles présentent sur une face des scènes familières japonaises peintes sur papier, et sur l'autre un semis de fleurettes en étoffe brochée à fond crème. Travail japonais. — Haut. 1 m. 55 cent.

830 — Deux Tables carrées avec tablette d'entrejambes en marqueterie de bois de couleurs et ivoire, présentant sur le dessus des cavaliers chinois combattant et sur la tablette une branche fleurie. Travail chinois. — Larg. 47 cent.; haut. 75 cent.

831 — Deux Supports carrés en bois dur sculpté et ajouré sur quatre pieds unis; tablette de marbre. Travail chinois. — Larg. 42 cent.; haut. 46 cent.

832-833 — Quatre Supports carrés à hauteur d'appui en bois dur sculpté et ajouré sur quatre pieds reliés par des traverses; tablette de marbre. Travail chinois. — Larg. 42 cent.; haut. 90 cent.

834 à 836 — Sept grands Tabourets de jardin en forme de baril en bois dur découpé à jour, ornés de pampres en nacre et burgau incrustés et à siège formé d'une tablette de marbre. Travail chinois. — Diam. 45 cent.; haut. 55 cent.

837 — Coffret oblong en bois dur, garni au pourtour et sur le couvercle de plaques de porcelaine de Chine, décorées de fleurs arabesques émaillées, sur fond blanc. — Haut. 17 cent.; long. 38 cent.

838 — Table carrée sur support à quatre pieds, en bois de fer sculpté et à dessus de marbre. — Haut. 90 cent.: diam. 42 cent.

839 — Table basse, de même travail. — Haut. 18 cent.: diam. 43 cent.

840 — Etagère à trois places en bois sculpté et à dessus de marbre. — Long. 1 m. 5 cent.

841 — Support de forme longue à quatre pieds, en laque noir ciselé. — Haut. 27 cent.; long. 94 cent.

842 — Deux petits Supports en forme de guéridon, en marqueterie de Ning-Pô, sur pied sculpté et découpé à jour. — Haut. 21 cent.; diam. 29 cent.

843 — Ecran en hauteur en bois, décoré sur une face d'un arbuste avec oiseau et sur l'autre d'un personnage japonais assis, en incrustations de nacre et autres matières. — Larg. 95 cent.; haut. 1 m. 23 cent.

844 — Support à bordure lobée, en bois noir, monté sur quatre pieds griffes et avec tablette de marbre. Travail chinois. — Diam. 45 cent.; haut. 45 cent.

845 — Petit Paravent à deux feuilles peintes sur les deux faces, oiseaux et arbres en fleurs, en couleurs sur fond doré. Monture en laque à décor gravé et doré sur fond noir. — Haut. 1 m.

Collection de feu **M. MARQUIS**

OBJETS D'ART
ET D'AMEUBLEMENT

Carte d'Entrée

A L'EXPOSITION PARTICULIÈRE

du Samedi 8 Février 1890, de 1 heure à 5 heures et demie

HOTEL DROUOT, SALLES N°s 8 & 9

COMMISSAIRES-PRISEURS

Me ESCRIBE	Me BANCELIN
6, rue de Hanovre	18, rue Grange-Batelière

EXPERT

M. Charles MANNHEIM, 7, rue Saint-Georges

www.ingramcontent.com/pod-product-compliance
Ingram Content Group UK Ltd.
Pitfield, Milton Keynes, MK11 3LW, UK
UKHW031842170726
13836UKWH00004B/1834